Umschlagfoto: Gerd Körbes, 54516 Wittlich

Offsetdruckerei Knopp, Wittlich

3. Auflage

ISBN 3/9802701/0/6

Sigrid Körbes

Ist Krankheit Zufall?

Die Seele läßt sich nicht betrügen

Verlag und Herausgeber:
Sigrid Körbes, 54516 Wittlich

3. Auflage 1993

Das vorliegende Buch ist in der Hoffnung entstanden, daß es dem Leser ein Leitfaden ist bei der Erschließung neuer Erkenntnisse.
Gleichzeitig dient es als Schlüssel bei der Ursachenforschung von Krankheiten, Mißempfindungen und Problemen.

Meine Absicht als Autorin ist nicht, eine Behandlungsart zu demonstrieren, die den medizinischen Rat ersetzen soll.

Allerdings möchte ich im Einzelnen das Bewußtsein erwecken, mehr Eigenverantwortung für seine Krankheit zu übernehmen und in diesem Sinne mit einem behandelnden Arzt zu kooperieren.
Da Symptome nur eine Wirkung im Äußeren sind, ist es dringend not-wendig, nach innen zu schauen, um die mentale Ursache zu finden, aufzulösen und so die Not zu wenden.

Mein Wunsch ist es, daß es dem Leser oder Betroffenen gelingt, die Wirklichkeit hinter dem äußeren Schein zu erkennen, krankmachende Gedankenmuster zu löschen, die erforderlichen Hindernisse abzubauen und durch neue Erkenntnisse und Einstellungen ein ganzheitliches Heilwerden zu erfahren.

Die Bereitschaft, an der persönlichen geistigen Entwicklung zu arbeiten, ist der erste Schritt, und das Umsetzen der gewonnenen Erkenntnisse in die Tat beschert an Wunder grenzende Erfolge.

Ich danke allen,

die mich ermutigt haben, diese Zeilen zu schreiben und die mir mit ihrer Liebe und Unterstützung dabei halfen, sei es durch Ermunterung oder durch Ideen bei der Gestaltung.

Ein besonderer Dank gilt meinen großartigen Lehrmeistern, die entscheidend zur Umgestaltung meines Lebens beigetragen haben und die mir die wundervollen Einsichten vermittelten, die ich in dieses Buch einfließen lassen konnte.
Viele sind mir als persönliche Freunde und Ratgeber begegnet, andere wurden mir vertraut durch ihre Bücher.

Vielleicht kann auch dieses Buch ein Helfer und eine Brücke sein, ein Einstieg zu einer inneren Erfahrung.
Es sollte nicht nur „Futter für den Verstand" bleiben, sondern durch das lebendige Praktizieren den Weg zum wahren Selbst ebnen.
Das wünsche ich meinen Lesern, die es als Anregung zur Änderung des Bewußtseins erkennen und annehmen können.

Gewidmet sei es allen Menschen, die nach einem anderen, neuen Weg und nach Hilfe suchen.

Daß Tom Johanson, der bekannte englische Heiler, Philosoph und Autor vieler Lebenshilfebücher, mir die folgenden Zeilen als Ergänzung zu meinem Buch gewidmet hat, erfüllt mich mit Freude und Dankbarkeit.
Danken möchte ich ihm auch für seine langjährige Freundschaft, die mir wertvolle Impulse - persönlich und für meine Arbeit - gegeben hat. Er ist mir Vorbild als Mensch, Lehrer und Heiler.

Introduction

Ever since man has existed human sickness and disease have always presented a seemingly insoluble problem. Even now that we are rapidly approaching the 21st century disease and various illnesses still prevail in spite of the many remarkable advances made by medical scientists. Many human body problems continue to defy the meticulous experiments of the most gifted medical researchers.
Why is this?
At this point I am reminded of a recent newspaper report concerning the attempt of an eminent pathological scientist. Having cut up a deceased body into the most minute parts he declared, "I can find no evidence of the existence of a human soul." Very few analytical and pathological scientists give little serious thought to the existence of spiritual forces and to the tremendous influence (good and bad) they have upon the working of the human body. Some, it is true, admit that the human being does possess a spirit, or soul, but firmly believe that they play no part in the development, the well-being or the harmonious affects upon the physical body. Most are firmly of the belief that if the human parts, or organs, are working reasonably well than that person is healthy.

In most fields of medical research the specialists simply concentrate upon gathering information, or data, from each particular part or organ. They continue to reveal new discoveries, but, ironically, with each new discovery they find more problems. The scientist remains totally unaware that he is working in a finite field, yet, the human body is finite – simply an atomic structure. He believes he is making progress, but no real progress will be made until he realises *man is an infinite being.* Mind and soul are infinite powers having complete control and absolute affect upon the physical parts.

Hippocrates (born 460 B.C.) was the first physician to believe that the body was only "part-man", but Mind, Body and Soul were the "Whole-Man". He was the first to begin to search for the deeper, the more natural causes of illness and disease. So he began to examine the life-style, the habits and the effects of the mind upon sick persons. In other words, he concentrated upon *natural* ways of living and healthy thinking, also upon the affects of fear, anxiety, stress and frustration upon the body. So, as early as the year 400 B.C. we had *wholistic healing!*
Unfortunately, with the death of Hippocrates the whole concept of medical analysis and treatment changed. Medical research never recovered from this change – even to this day.

Fortunately, the medical wheel of research is making a new and complete turn. Many spiritual practitioners are not only discovering but actually applying wholistic healing. The orthodox medical practitioner is beginning to sit up and take notice. Some are greatly impressed. Healing by the concentration of spiritual forces is not a new idea simply created by a few dedicated spiritual healers. It has been known and practised throughout the entire history of mankind. It has now progressed throughout several generations. This has been observed and carefully noted in several medical and scientific circles with the result that it has been removed from the obscurity in which it has been temporarily lost for hundreds of years.
Several eminent doctors and scientists have now entered the field of spiritual healing. This remarkable development is

greatly noticed more in Great Britain where between 8000 to 10 000 healers are daily practising their spiritual gifts in more than 2000 hospitals under the supervision of medical doctors and scientists.
Every act of healing happens in accordance with physical and spiritual laws. Healing should never be thought of as a miracle. Mental, moral and spiritual factors must combine to bring about natural cures.

One vital point must be understood and accepted by each and every healer. It is vitally important that spiritual healers do not think to work in opposition to doctors, surgeons or nurses. Every medical person is a healer in his own right. It is his right and his decision, at all times, to work according to physical laws only if he believed it to be correct.
The *same spirit* inspires, directs all healers, including doctors, whether consciously or unconsciously. The incredible advances made by spiritual healers in recent years may soon lead to the time when all doctors will produce the same result as spiritual healers.

Tom Johanson
General Secretary
Spiritualist Association of Great Britain

Einführung

Seitdem der Mensch existiert, stellen seine Krankheiten und Leiden ein scheinbar unlösbares Problem dar. Selbst heute, da wir uns rapide dem 21. Jahrhundert nähern, herrschen trotz der vielen bemerkenswerten durch Mediziner erzielten Fortschritte immer noch Leiden und verschiedenste Krankheiten vor. Viele Probleme des menschlichen Körpers trotzen weiterhin den gewissenhaftesten Bemühungen der begabtesten Forscher auf dem Gebiet der Medizin.
Warum ist das so?

An dieser Stelle erinnere ich mich an einen kürzlich erschienenen Zeitungsbericht, der sich mit dem Versuch eines herausragenden Pathologen befaßte. Nachdem dieser den Körper eines Verstorbenen in seine kleinsten Teile seziert hatte, erklärte er: „Ich kann keinen Beweis für die Existenz einer menschlichen Seele finden." Nur sehr wenige Analytiker und Pathologen machen sich ernsthafte Gedanken über die Existenz von geistigen Kräften und deren bedeutendem Einfluß (gut oder schlecht) auf die Arbeitsweise des menschlichen Körpers. Einige, das ist wahr, geben zu, daß der Mensch einen Geist und eine Seele besitzt, glauben jedoch fest daran, daß diese keine Rolle für die Entwicklung, das Wohlbefinden oder die Harmonie der Gemütsbewegungen des physischen Körpers spielen. Die meisten sind fest davon überzeugt, daß eine Person dann als gesund zu bezeichnen ist, wenn die Körperteile oder die Organe zufriedenstellend ihre Arbeit verrichten.

In den meisten Bereichen der medizinischen Forschung konzentrieren sich die Spezialisten nur auf das Sammeln von Informationen oder Daten über jeden einzelnen Körperteil oder jedes Organ. Sie arbeiten ständig daran, neue Entdeckungen zu offenbaren, stoßen aber ironischerweise mit jeder Entdeckung auf neue Probleme. Der Wissenschaftler ist sich ganz und gar nicht bewußt, daß er auf einem endlichen Gebiet arbeitet, denn der menschliche Körper ist endlich, einfach eine atomare Struktur. Der Forscher glaubt, daß er Fortschritte macht, aber es wird solange keinen wirklichen Fortschritt geben, bis er erkennt, daß der *Mensch ein ewiges Wesen ist.* Geist und Seele sind unbegrenzte Kräfte, die eine unbeschränkte Wirkung und Kontrolle auf die physischen Teile des Körpers haben.

Hippokrates (geb. 460 v. Chr.) war der erste Arzt, der glaubte, daß der Körper alleine nur ein "unvollständiger Mensch" ist, daß Geist, Körper und Seele zusammen aber den "ganzen Menschen" bilden. Er war der erste, der anfing, nach den tieferen, natürlicheren Ursachen für Krankheit und Leiden zu suchen.

Deshalb begann er die Einflüsse des Lebensstils, der Gewohnheiten und des Geistes auf kranke Menschen zu untersuchen. Mit anderen Worten, er konzentrierte sich auf *natürliche* Lebensweisen und gesundes Denken, ebenso auf die Wirkung von Furcht, Angst, Streß und Enttäuschung auf den Körper. Es gab also bereits um 400 v.Chr. *ganzheitliches Heilen.*
Leider veränderte sich nach dem Tode des Hippokrates die Auffassung von medizinischer Analyse und Behandlung total. Die medizinische Forschung hat sich bis heute nicht ganz von diesem Wandel erholt.

Glücklicherweise macht das Rad der Medizin derzeit eine neue und vollständige Wendung. Viele Fachleute, die sich mit den Wirkungen des Geistes befassen, entdecken nicht nur ganzheitliches Heilen, sondern wenden es sogar an. Der Schulmediziner beginnt aufzuhorchen und nimmt von dieser Entwicklung Notiz. Einige sind tief beeindruckt. Das Heilen durch Konzentration der geistigen Kräfte ist keine neue Idee, die nur von wenigen engagierten Geistheilern erfunden wurde. Das geistige Heilen ist in der ganzen Menschheitsgeschichte bekannt gewesen und angewandt worden. Es hat sich in neuerer Zeit über einige Generationen hinweg wiederentwickelt. Das ist von einigen medizinischen und wissenschaftlichen Kreisen beobachtet und sorgfältig registriert worden, mit dem Ergebnis, daß das geistige Heilen aus dem Dunkel hervorgetreten ist, in dem es vorübergehend für mehrere hundert Jahre verloren war.
Einige herausragende Ärzte und Wissenschaftler haben jetzt das Gebiet des geistigen Heilens betreten. Diese bemerkenswerte Entwicklung kann vor allem in Großbritannien beobachtet werden, wo zwischen 8000 und 10 000 Heiler täglich ihre spirituellen Begabungen in mehr als 2000 Krankenhäusern unter der Aufsicht von Ärzten und Wissenschaftlern einsetzen.

Jeder Heilungsakt vollzieht sich in Übereinstimmung mit physikalischen und geistigen Gesetzen. Heilung darf niemals

als Wunder verstanden werden. Mentale, ethisch-moralische und spirituelle Faktoren müssen zusammenwirken, um Gesundung auf natürlichem Wege hervorzubringen.

Ein wesentlicher Punkt muß verstanden und von jedem Heiler akzeptiert werden. Es ist besonders wichtig, daß es nicht Ansinnen und Bestreben der Geistheiler ist, gegen Ärzte, Chirurgen oder Krankenschwestern zu arbeiten. Jeder auf dem Gebiet der Medizin Tätige ist selbstverständlich ein Heiler mit eigenem Anspruch. Es ist dessen Recht und Entscheidung, zu jeder Zeit den physikalischen Gesetzen entsprechend zu arbeiten, wenn er das für korrekt hält.
Derselbe Geist inspiriert und lenkt alle Heiler, einschließlich Ärzte, bewußt oder unbewußt. Die unglaublichen Fortschritte, die durch Geistheiler in den letzten Jahren vollbracht wurden, werden möglicherweise bald dazu führen, daß alle Ärzte als geistige Heiler dieselben Ergebnisse erzielen.

Tom Johanson
Generalsekretär der
Spiritualist Association in Großbritannien

Vorwort

In den letzten hundert Jahren sind großartige Fortschritte auf dem medizinischen Sektor erreicht worden.
Die großen Volksseuchen sind besiegt, wir haben für jede Krankheit eine oder mehrere Behandlungsformen, die Pharmaindustrie beschert uns zigtausend von Medikamenten.
Es werden Unsummen in die medizinische Forschung gesteckt, und selbst der Einzelne ist bereit, sich die Gesundheit "etwas kosten zu lassen".
Jeden Tag hören oder lesen wir von den an Wunder grenzenden Möglichkeiten der fast alles beherrschenden modernen Medizin. Zu keiner Zeit in der menschlichen Geschichte wurde dem Körper soviel Aufmerksamkeit geschenkt wie in der heutigen, und doch, noch zu keiner Zeit waren die Menschen so krank wie heute.
Kaum ein Mensch ist vollkommen gesund.
Drastisch ausgedrückt, der Gesunde könnte im Museum zu finden sein.

Das Unbehagen an der klassischen Medizin offenbart sich darin, daß viele Menschen resignierend nach einer anderen, besseren Lösung suchen.
Immer größer wird die Zahl derer, die den Methoden der alten oder neuen Naturheilkunde mehr Vertrauen entgegenbringen als der hochwissenschaftlichen Schulmedizin.
Doch auch in der alternativen Medizin geht die Gemeinsamkeit schnell verloren, wenn die verschiedenen Wege zur Erlangung des Heilwerdens aufgezeigt werden.
Auch hier entwickeln sich dann die Teil-Sachverständigen. Die einen sehen die Lösung aller Probleme im Ersetzen der chemischen Arzneimittel durch pflanzliche, die anderen schwö-

ren auf die Homöopathie – also Gleiches mit Gleichem heilen – während wieder andere die Schädlichkeit und Auswirkungen der elektromagnetischen Felder oder Erdstrahlen erforschen und in deren Beseitigung die Chance sehen, die Gesundung nach sich zieht.
Akupunkteure, Herdforscher und andere medizinische Außenseiter fordern, den Blick von der morphologischen Ebene hin zur energetischen Ebene des Körpergeschehens zu wenden.

Die Kritiker der Schulmedizin verändern also lediglich die Methoden, die zugegebenermaßen unschädlicher und nebenwirkungsfreier sind, übersehen dabei aber den Menschen als Einheit, als Ganzes.
Sie werden zu Spezialisten, die sich mehr und mehr im Detail verrennen, und dabei den Blick für das Wesentliche, nämlich, daß der Mensch Körper, Geist und Seele ist, verlieren. Sokrates verkündete schon vor 2400 Jahren:

Es gibt keine von der Seele
getrennte Krankheit der Körper.

Und Plato, der berühmteste Schüler von Sokrates, klagte:

Das aber ist der größte Fehler bei
der Behandlung von Krankheiten,
daß es Ärzte für den Körper
und Ärzte für die Seele gibt.

Durch die Konzentration auf den naturwissenschaftlichen Bereich sind uralte Erkenntnisse in die Bedeutungslosigkeit abgesunken oder gänzlich verlorengegangen.

In Anbetracht dieser medizinischen "Entgleisungen" ist es nicht nur legitim, sondern geradezu eine Verpflichtung, diese Tatsache zu hinterfragen und andere Wege zu suchen bzw. wieder aufzudecken.

1. Teil

Die verschiedenen Körper des Menschen

Der physische Körper als Projektionsfläche der Seele, die Körper und Geist vereint

Der physische Körper, dem wir in der heutigen Zeit unsere ganze Aufmerksamkeit schenken, ist die Projektionsfläche der Manifestation der Signale, die wir längere Zeit überhört/übersehen haben. Hier zeigt sich das somatische, also körperliche Leiden.

Wissenschaftler sehen in dieser Feststellung eine Hypothese, die nach wissenschaftlicher Beweisbarkeit verlangt.
Dabei ist eine einzige Träne, die aus Freude oder Leid geweint wird, doch wirklich Beweis genug für die Psychosomatik. Schauen wir uns doch einen Menschen an, der vor Schreck gelähmt oder vor Leid gebeugt ist.

Ein Mediziner auf einem Kongreß formulierte seine Aussage gegen die Psychosomatik sehr treffend. Er meinte: „Wenn ich diesen Quatsch von der Psychosomatik höre, dreht sich mir der Magen um."
Ein typischer Fall von Psychosomatik!

Alles, was wir für Beweise halten, stützt sich auf die Beobachtung von Zusammenhängen, sind lediglich Korrelationen, also Zusammenhänge zwischen statistischen Ergebnissen, die durch Wahrscheinlichkeitsrechnungen ermittelt werden. Alles, was wissenschaftlich beweisbar ist, ist zugänglich für den Verstand, denn sonst könnte es nicht wissenschaftlich beweisbar sein.

Wir sollten doch der Wahrheit die Ehre geben und die Erkenntnis zulassen, daß vieles, was existiert, jedoch nicht beweisbar ist, obwohl es zweifellos existiert.
Der Verstand des aufgeklärten Menschen ist aber klug genug zu wissen, daß er nicht "weise" ist und das Unendliche nicht erfassen kann, weil er "endlich" ist.
In der Schule haben wir alle gelernt, daß unser Sinnesorgan Auge nur 8% des Lichtspektrums aufnehmen kann, nur diesen geringen Prozentsatz der vorhandenen Lichtwellen können wir wahrnehmen.
Wir wissen das, und trotzdem sind wir geneigt, so zu tun, als wären die anderen 92% nicht existent, weil wir sie nicht sehen können.
Wir vergessen immer wieder dieses Wissen, und selbst von dem, was wir sehen, glauben wir nur einen kleinen Teil, und mit Recht, denn gerade mit unseren Sinnesorganen sind wir argen Täuschungen unterworfen.
Das Auge ist unser umfassendster Sinn, und die meisten Informationen erreichen uns über dieses Sinnesorgan.
Aber vergessen wir nicht: Die scheinbar umfassenden Informationen spiegeln nur 8% der Wirklichkeit wider, was sogar die Wissenschaft bestätigt.
Ich möchte hier eine kleine Anekdote zum Thema anbringen. Selbst, wenn "erfahrene" Wissenschaftler kein Schmunzeln dafür übrig haben, vielleicht dann doch der ein oder andere Leser.

Die Hummel

Die Hummel hat 0,7 qcm Flügelfläche bei 1,2 g Gewicht. Nach den bekannten Gesetzen der Aerodynamik ist es unmöglich, bei diesem Verhältnis zu fliegen.
Die Hummel weiß das aber nicht und fliegt einfach.

(Kurt Tepperwein)

Unter Umgehung der Wissenschaft, die sich weigert, die Möglichkeit der tatsächlichen Existenz einer geistigen Form einzugestehen, möchte ich nun doch das umstrittene "Objekt" Seele in meine Betrachtungen einbeziehen.

Mit dem Ausspruch "Gott ist überall" ist meines Erachtens ausgedrückt, daß diese lebensbegleitende, geistige Energie überall ist.
Nach philosophischen und auch parapsychologischen Erkenntnissen und Meinungen besteht das Leben aus einer Kombination von Molekularstrukturen der physischen Materie und dem Ursprung oder der Quelle, der geistigen Energie.
Die physische Form ist das, was wir sterben sehen.

Auf den Menschen bezogen, ist nach dem sogenannten Tod die chemische Zusammensetzung des Organismus noch genau das, was sie 10 Minuten vorher war, aber der Mensch ist leblos und nichts bewegt sich mehr.
Die geistige Energie, die dann den Körper verlassen hat, ist aber ewig.
Energie kann nicht erschaffen werden, aber sie ändert oder verwandelt sich.
Alles ist Energie.
Molekulare Einheiten sind für die Wissenschaft leichter zu erkennen als die besagten Energieeinheiten.
Und die Seele, eine Ansammlung solcher Energieeinheiten, die Körper und Geist zusammenhält, ist ein individualisierter Teil des einen allumfassenden kosmischen Bewußtseins.
Diese Energie verläßt das Werkzeug Körper, der wird leblos und wir sagen, er stirbt.
Insofern gibt es also den Tod nicht wirklich, zumindest nicht für die seelische Energie, sondern es gibt das Leben vor dem Leben bzw. der physischen Geburt und das Leben nach dem sogenannten Tod.
Aristoteles bezeichnete die Seele als erste Entelechie, als das, was die Vollendung in sich hat, ein unräumlicher, teleologi-

scher, formbildender Lebensfaktor, dessen Tätigkeit kausal nicht erklärbar ist. Schon er erkannte, daß Leib und Seele in unserer Welt nur *zusammen* lebensfähig sind.
"Geht die Seele, stirbt der Leib" war sein Ausspruch.

Heute ist man der Meinung, daß unter dieser Lebensenergie oder der Seele sowohl das strömende Blut, als auch der Ablauf der Körperfunktionen zu verstehen ist.
Religiöse Vorstellungen und wissenschaftliche, insbesondere naturwissenschaftliche Forschungen über die Seele stimmen nicht überein.
In der modernen Psychologie besteht die Neigung, unter Seele die Gesamtheit der Selbstwahrnehmungen aller Lebensvorgänge und die sie überlagernde Verarbeitung zu verstehen.

Nach chinesischer Auffassung enthält der menschliche Körper ein System vielfältig gekoppelter Energielinien und -punkte, in denen die Lebensenergie fließt.
Alten Überlieferungen zufolge besteht der Mensch aus sieben Körpern:

1. Der physische Körper

Er ist der grobstofflichste Körper des Menschen und dient als "Werkzeug" in der materiellen Welt.
Er benötigt zur Erhaltung seiner Funktion stoffliche Nahrung und somit entspricht auch seine Beschaffenheit der Qualität der zugeführten Nahrung als Energieträger und die funktionelle Beschaffenheit der Qualität der Gedanken.

2. Der Ätherkörper

Er ist die genaue Dublette des physischen Körpers, allerdings besteht er aus feinstofflicherem Material.
Seine Aufgabe ist es, die Lebensenergie (auch kosmische Energie oder Prana genannt) aufzunehmen und dem grobstofflichen Körper zu vermitteln.

3. Der Astralkörper

Er durchdringt und umgibt die beiden anderen Körper, und sein überragender Teil ist die Aura des Menschen.

Er reagiert besonders auf die Gedanken und ist zugleich der Träger der Begierden, Leidenschaften und Empfindungen des Individuums.

4. Der Mentalkörper

Er dient dem Selbst als Werkzeug für die Tätigkeit des Denkens und des vernünftigen Urteilens.
Als letzter Körper des Menschen, der noch aus Substanz besteht, ist er ebenfalls sterblich.
In ihm manifestiert sich das Selbst als Intellekt.
Es liegt in unserer Macht, den Mentalkörper schneller zur Entwicklung zu bringen, wenn wir unser Denken mehr und mehr auf einen Punkt konzentrieren und uns in folgerichtigem Denken schulen.

Der Mentalkörper bedarf keiner Sinne mehr. Er nimmt gleichzeitig alle Schwingungsqualitäten in Farbe, Ton und Form wahr. Umgekehrt ist jeder von ihm ausgehende Gedanke ein farbiges, musikalisches und mehrdimensionales Bild.

5. Der Kausalkörper

Als Sitz des Gewissens und des kosmischen Bewußtseins ist er schon Bestandteil der seelischen Energie.
Um diesen Körper zu entwickeln, bedarf es absolut selbstloser Gedanken und Taten.

6. Der Buddhikörper

Er ist die erste Emanation* des Geistes und der Kern unserer Seele, somit Sitz des Bewußtseins der Einheit.

---

* Emanation = das Hervorgehen aller Dinge aus dem unveränderlichen, vollkommenen, göttlichen Einen.

7. Atma

Atma ist reines, individualisiertes Bewußtsein, die Ursache allen Seins, der ”Gottesfunke“.

Laotse lehrte,
daß das Sanfte trotzdem so mächtig ist, daß es die härteste Form durchdringen kann.
Das Formlose gelangt selbst in das, was ohne Öffnung ist.

Wenn wir uns in all diesen Betrachtungen ergehen, wird verständlich und klar, daß der physische Körper von einer verbindenden seelischen Urkraft durchdrungen und belebt wird.

Tod findet nur in
der äußeren Welt statt.
Er betrifft die Materie,
alles was Illusion ist,
aber kein spirituelles Wesen.
Das wahre und absolute Ich
im Inneren ist unsterblich.
Es hat niemals begonnen
und wird auf immerdar sein.

Was ist Krankheit wirklich?

Was sagt uns der Schmerz?

Der Mensch ist in erster Linie, also von seinem Ursprung her, ein geistiges Wesen.
Geburt, Alter, Krankheit und Tod, das sind Dinge, die nur unseren physischen Körper betreffen.
Das für uns sichtbare Geborenwerden, Älterwerden, Krankwerden betrifft unser wahres Selbst nicht, sondern nur unser Werkzeug in dieser materiellen Welt, den Körper.
Er aus sich heraus kann nicht krank werden, denn er hat unzählige ausgeklügelte Regulationsmechanismen, die ihn funktionierend erhalten.
Er ist aber die Projektionsfläche für den Grad, den Stand unseres Bewußtseins. Er spiegelt geistige Fehlhaltungen wider. Und Disharmonie in unserem Bewußtsein läßt Krankheiten entstehen, denn jeder Gedanke, jedes Gefühl, jede Emotion teilt sich in Bruchteilen von Sekunden jeder einzelnen Zelle unseres Körpers mit.
Wenn ein Mensch also häufig Stimmungsschwankungen wie z. B. Streß und Ärger, also Negativgefühlen ausgesetzt ist, und bewußt oder unbewußt seelische Fehlhaltungen einnimmt, trägt der Körper als Sündenbock die Strafe.
Das seelisch-geistige Fehlverhalten äußert sich sehr bald in Schmerz und Krankheit.
Die Bitte um Änderung wird also schmerzhaft vorgetragen. Ein Organ kann Beschwerden machen, funktionsgestört sein, sich schmerzhaft äußern, obwohl bei einer medizinischen Untersuchung kein organischer Befund nachzuweisen ist.
Der Arzt befriedigt unseren erstaunten Verstand dann mit Aussprüchen wie: „Sie haben eine vegetative Dystonie“ oder „es

handelt sich um eine psychosomatische Erkrankung, ihr Leiden ist seelisch bedingt".
Wer diese oder auch ähnliche Eröffnungen von seinem Arzt bekommt, fühlt sich zutiefst betroffen und setzt dem entgegen, daß er doch seit Wochen oder Monaten fürchterliche Organschmerzen (evtl. Nierenkoliken) habe, und daß da doch etwas nicht stimmen kann.
In der Tat, es stimmt etwas nicht, aber was, das ist den meisten Menschen unmöglich zu erkennen, da sie nicht wissen, was Krankheit und Schmerzen wirklich sind.

Viele Menschen sind sicher, daß die Krankheit von außen auf uns zukommt, und das man halt "Pech hat", wenn man erkrankt. Und diese Menschen suchen sich dann sehr schnell einen Arzt, um ihm die Verantwortung für ihr Leiden zu übertragen. Sie wollen mit ihrer Krankheit nichts mehr zu tun haben.

Wer aber bereit ist zu erkennen, daß jeder Mensch auf bestimmte Geschehnisse oder Veränderungen in seinem Leben, auf innere Konflikte, auf beruflich oder privat bedingten Streß zuerst gefühlsmäßig und dann eben körperlich reagiert, der kommt der Entstehung sowie der Heilung der Krankheit schon eher auf die Spur.
Krankheit ist also Disharmonie, die im Bewußtsein entsteht, denn nur mit dem Bewußtsein steuere ich mich und somit meine Lebensumstände.
Bevor sich Krankheiten in unserem Körper manifestieren, sind sie in unserem psychischen Hintergrund vorhanden.

Der "Hilferuf" der Seele äußert sich im Körper als Symptom

Handeln wir längere Zeit durch Gedanken und Taten der Schöpfungsordnung zuwider, indem wir Körper, Seele und Geist aus dem harmonischen Zusammenspiel bringen, zeigt sich das im Äußeren, in unserem physischen Körper als Symptom.

Wir glauben, zumindest dann, wenn wir nicht klar erkennen können, daß wir durch Fehlhaltungen dem Organismus geschadet haben, daß die Krankheit zufällig auftritt.
Bei entsprechender Interpretation des Wortes Zufall stimmt das sogar. Wir müssen erkennen, daß das, was in unser Leben tritt, uns durch unser *So-Sein* "zu-fällt".

Wenn sich das Symptom in Form von Magenschmerzen oder etwa einer entzündeten Galle äußert, haben wir aber in Wirklichkeit je nach Schwere des Krankheitsbildes die Alarmsignale schon kurze oder längere Zeit übersehen und ignoriert.
In der heutigen hektischen und schnellebigen Zeit sind die meisten Menschen taub und blind gegenüber den zahlreichen Hinweisen, die ihnen der Körper vermittelt.
Er zeigt nur allzu deutlich, worüber sich die Seele beklagt.
Wenn der Mensch in Disharmonie gerät mit dem Leben, macht die Seele über das Werkzeug Körper durch das Symptom auf sich aufmerksam.
Der Körper "spricht" dann in Form von Leiden genau das schmerzvoll aus, was eigentlich die Seele bewegt, was sie hilfesuchend herausschreien möchte.

Die moderne Medizin hält inzwischen das Symptom für die Krankheit. Betroffener und Therapeut bekämpfen gleichermaßen das Symptom und kümmern sich nicht weiter um die dahinterstehende Ursache.

Und es ist nur logisch, daß dann der Irrglaube sich breit macht, die Krankheit sei besiegt, wenn das Symptom verschwunden ist.

Manifestiert sich nun im Körper ein Symptom, sollte es als Signal erkannt und nicht durch Maßnahmen wie z. B. Medikamente unterdrückt werden. Das Signal würde zwangsläufig seine eigentliche Bedeutung verlieren, und so würden Symptom und Krankheit gleichermaßen zur Bedeutungslosigkeit verdammt.

Zur Verdeutlichung möchte ich hier einen einfachen Vergleich anwenden:

Ein Auto besitzt verschiedene Kontrollampen am Armaturenbrett, die nur dann aufleuchten, wenn irgendeine wichtige Funktion gestört bzw. ein Mangel aufgetreten ist.
Tritt ein solches Signal an unserem Wagen auf, erscheint es uns wichtig genug, die Fahrt zu unterbrechen und ggf. einen Mechaniker aufzusuchen.
Wir erwarten, daß er den Schaden behebt, und wir erleichtert weiterfahren können.
Wie erbost wären wir, wenn der Mechaniker sich erlauben würde, lediglich die Birne des Lämpchens zu entfernen.
Alles wäre – scheinbar – in Ordnung.
Was würde geschehen?
Nach kurzer Zeit würden andere Kontrollampen aufleuchten, bzw. im schlimmsten Fall würde das Auto einen solchen Schaden erleiden, daß die Weiterfahrt unmöglich wird.
Genauso kann es in unserem Körper geschehen, wenn wir ein Signal = Symptom einfach auslöschen bzw. unterdrücken. Leider ist das in der heutigen Schulmedizin an der Tagesordnung. Die Patienten gehen zufrieden nach Hause, bis sie feststellen, daß ein "Kontrollämpchen" nach dem anderen "aufleuchtet" und die ganze "Maschine" letztendlich streikt.
Der richtige Weg wäre es, das Symptom zu hinterfragen. Was hat es für einen Sinn, was will es uns zeigen?!

Wo ist etwas nicht in Ordnung, wo sind wir selbst in unserem Denken und Handeln aus der Ordnung (Harmonie) gefallen?

Das Symptom ist eine Information, d. h., die Botschaft oder der Schrei der Seele ist in eine Form gegangen, manifestiert sich als spür- und sichtbarer Ausdruck im Körper.

Wann zeigte sich das Symptom?

– Eskalationsstufen –
– Lebensumstände –

Weil manches Individuum lange Zeit, evtl. sogar Jahre, die Signale seines Körpers überhört hat, ist aus der zuerst rein seelisch bedingten Störung unter Umständen eine schwerwiegende organische Erkrankung geworden.

Für jeden Menschen, der erkrankt ist, wird die Frage wichtig und unumgänglich: "Wann zeitlich genau zeigten sich auf der körperlichen Ebene die ersten Mißempfindungen?"
Es gilt zu erkennen, der Körper läßt nur die Disharmonie des Bewußtseins fühlbar oder sichtbar werden.

Allzu oft wird die geistige Fehlhaltung beim ersten Auftreten nicht vom Bewußtsein registriert, nicht zuletzt bedingt durch die lärmende Außenwelt.
Wenn die Krankheit in Erscheinung tritt, hat sie je nach Schwere schon eine kürzere oder längere Anlaufzeit.
Zunächst ist im Bewußtsein eine "Trübung" vorhanden, die sich bei Nichtbeseitigung auf der körperlichen Ebene als Unpäßlichkeit zeigt.
Der Betreffende fühlt sich noch nicht krank, aber auch nicht mehr wohl.
So zeigt sich der erste leichte äußere Ausdruck einer inneren Disharmonie.
Hier sollten wir spätestens aufmerksam werden.
Aber wer tut das schon? Der Zustand des Nichtwohlseins wird im allgemeinen nicht ernst genommen oder verdrängt.
Nun reagiert der Körper deutlicher.
Eines Tages zeigt sich ein akuter Prozeß, eine Entzündung, der Schmerz.
Aber auch dann suchen wir wieder sehr emsig nach der äußeren Ursache der Erkrankung.
„Ich habe mich verhoben", „ich habe etwas Falsches oder Verdorbenes gegessen", „ich habe im Durchzug gestanden", „ich war nicht warm genug angezogen" usw., sind hier die erklärenden Ausreden des Verstandes.
Diese natürlich unleugbaren Tatsachen sind aber nur der *Auslöser* für die Erfahrung, die wir durch Fehlhaltungen notwendig gemacht haben. Das Leben fand über die auslösenden Ereignisse einen Weg, uns mit der erforderlichen Botschaft zu konfrontieren.
Es kommt uns im allgemeinen nicht in den Sinn zu fragen: „Warum habe ich das Falsche getan, warum habe ich das Falsche gegessen bzw. ungute Nahrung zu mir genommen?"
Dahinter steht die Fehlhaltung des Bewußtseins; denn nur mit unserem Bewußtsein, mit unserem Geist bestimmen wir, was wir tun, u. a. unsere Ernährung.

Nehmen wir einmal an, wir haben Schmerzen, können uns nicht mehr frei bewegen.
Wir gehen zum Arzt und dieser stellt fest: „Sie haben eine akute Gelenkentzündung“.
Er behandelt mit einem Medikament in flüssiger Form und injiziert uns dieses um oder sogar ins Gelenk.
Wenn wir Pech haben, ist der Schmerz sofort oder sehr schnell beseitigt, wir freuen uns und bilden uns ein, gesund zu sein.

Und so übersehen wir die notwendig gewordene Warnung, die schmerzhafte Bitte um Änderung.
Wir haben jetzt, bildhaft gesprochen, die Mahnung in den Papierkorb geworfen, aber auf der Ebene unseres Bewußtseins hat sich nichts geändert.

Und nach einer gewissen Zeit meldet sich der Körper wieder, dieses Mal aber noch heftiger.
Die Erkrankung dauert länger, die Schmerzbehandlung wirkt nicht mehr oder vielleicht nur noch ein paar Stunden im Sinne einer Betäubung. Der Schmerz zeigt sich danach wieder in seiner alten Intensität.

Nun werden massive Hilfsmaßnahmen eingeleitet, der Kranke geht evtl. zur Kur, um sich mit Bädern, Packungen und Massagen zu kurieren.
Und nach geraumer Zeit zeigt sich tatsächlich der Erfolg, und wir sind überzeugt, wieder gesund zu sein und leben genau so falsch weiter, wie wir es vorher gewohnt waren.

Der nächste Schritt des Körpers nach diesen nicht beachteten Mahnungen ist dann irgendwann eine andauernde Erkrankung.
Der behandelnde Arzt macht uns klar, daß die Krankheit chronisch ist, und die Beschwerden nur durch bestimmte Maßnahmen und Medikamente zu lindern sind.
Wir sollten aber erkennen, wir leiden immer noch an uns selbst, an unserer eigenen, aus dem Inneren heraus kommenden Information. Der Körper will uns jetzt zwingen, das Richtige zu tun.

Wir sollten forschen und fragen:
„Wie waren meine Lebensumstände zum Zeitpunkt der ersten Anzeichen der Erkrankung?"
„Wann trat das Symptom zum ersten Mal auf?"
„Wie war damals die emotionale Belastung, erlag ich dem anhaltenden Streß?"
„Welches permanente Fehlverhalten legte ich an den Tag?"
„Bei welcher Gelegenheit tritt das Symptom heute auf?"
„Was geschieht dann in mir oder um mich herum?"
„Welche Gefühlsenergie blockiert mich, belastet mich, bewegt mich, auch jetzt noch?"

Der Körper ist niemals die Ursache, sondern hier zeigt sich die Wirkung!

Bleibt auch die Ursache der chronischen Krankheit unerkannt bzw. unbeachtet, kommt es zu irreversiblen Schäden, zu Organveränderungen oder Krebs.
Diese stufenweise Entwicklung kann früher oder später mit dem Tod enden.
Ist der Körper kein "gebrauchsfähiges Instrument" mehr, verläßt ihn die Energie, die ihn bisher erhalten hat. Es tritt der Tod des physischen Körpers ein, und die Seele setzt ihr Dasein auf einer anderen Ebene, in einer anderen Dimension fort.

Der Mensch erkrankt nicht zufällig an einem bestimmten Organ

Welche Botschaft gibt uns das Symptom?

Ist die Fehlhaltung im Bewußtsein nicht registriert worden, zeigt sie sich als Sprache des Körpers durch das Symptom. Der Körper übersetzt die unsichtbare Situation unseres Bewußtseins ins Sichtbare.

Hinter diesem Geschehen verbirgt sich allerdings eine Ordnung. Wir erkranken nicht zufällig an irgendeinem Teil unseres Körpers, denn wir leben in einer Schöpfung, die wir Kosmos nennen, und Kosmos heißt übersetzt *Ordnung.*

Diese Schöpfungsordnung erkennen wir bei näherem bewußten Hinschauen in allen Dingen und Gelegenheiten, auch in unserem Körper und in den auftretenden Krankheitszeichen.

Der sich seiner Verantwortung bewußte Kranke sollte wieder lernen, die Botschaften zu verstehen bzw. ins Geistige zu übertragen.

Dazu ist es unumgänglich, daß wir uns zunächst einmal bewußt machen, wer wir von unserem wahren Ursprung her wirklich sind.

Von der seelisch-geistigen Struktur her sind wir vollkommenes, unsterbliches Bewußtsein. Und jeder Einzelne ist ein individualisierter Teil des einen, allumfassenden Bewußtseins, das immer war und immer sein wird.

Die göttliche Energie existiert selbständig im Universum und als individualisierter Teil, als Seele, entscheidet sie sich, in einem Körper ihre Erfahrung zu machen, um daran zu wachsen und zu reifen.

Um diesen Lernprozeß zu vertiefen, kann sie immer wieder auf die Erde zurückkehren und sich in einem neuen Körper ausdrücken.

Diesen Prozeß nennt man Wiedergeburt oder Reinkarnation. Erst die Anwesenheit der Seele macht den Menschen zu dem, was er wirklich ist, und was uns antreibt sind die Kräfte unserer Seele, die den Wunsch nach Vollendung in sich trägt.

Während wir in neun Monaten aus der befruchteten Eizelle zum Menschen aus Fleisch und Blut heranwachsen, wartet schon eine reife Seele, die in diesem Körper inkarnieren möchte. Geboren werden heißt, einen neuen Körper zu bekommen und sterben heißt, ihn wieder zu verlassen.
Die Körperwerdung hat den Sinn, der Seele als Tempel und Werkzeug in unserer materiellen Welt zu dienen.
Erkranken wir, sind wir aus der Schöpfungsordnung gefallen, indem wir ihr zuwider handeln.
Und unser Werkzeug Körper mit seinen Organen dient uns in diesem Falle als Botschafter auf dem Weg der Erkenntnis. Er ist also das Spiegelbild unseres Bewußtseins.

Die Krankheit zeigt uns, daß und wo wir uns nicht lebensrichtig verhalten, daß wir nicht mit dem Leben fließen, und daß unser Verhalten vielmehr der Ordnung des Kosmos entgegenwirkt.

Hier ist es an der Zeit, daß wir nach dem *Warum* fragen und so die Wirklichkeit hinter dem Schein erkennen.

Da der Mensch eine Einheit ist, kann er nicht plötzlich und zufällig an einer Stelle bzw. einem Organ erkranken.
Er kann nicht ohne Grund eine entzündete Galle bekommen. Wer als Spezialist versucht, die Galle zu heilen, sollte erkennen, daß gerade die Galle die Projektionsfläche für Aggressionen ist, für unterdrückten Ärger, für Energien, die nicht freigelassen wurden.
So ist jeder Gallenstein der sichtbare Ausdruck konzentrierten anhaltenden Ärgers.
Fragen wir uns einmal, warum Frauen viel häufiger an diesem Leiden erkranken als Männer.

Sie schlucken den Ärger hinunter, unterdrücken die Aggression, trauen sich nicht die Ärgernisenergie freizulassen, während der Mann sich verbal "Luft macht", die Tür schlägt oder ins Wirtshaus geht.
Männer lassen dieser Energie viel öfter freien Lauf. Sie staut sich nicht an, um anschließend zur Erkrankung zu werden.

Es ist immer möglich, über das erkrankte Organ auf die Wirkung dahinter zu schauen.

Natürlich melden hier die Verstandesdenker und Rationalisten zunächst einmal ihre Bedenken an und machen z. B. aufmerksam auf die ernährungsbedingten oder verhaltensbedingten Krankheiten.
Natürlich kann ich nicht gegen die Gesetze des Lebens und der Natur verstoßen und erwarten, daß ich frei von Krankheit bleibe.

Streß, Ärger, mangelnde Bewegung und falsche Ernährung fördern das Entstehen einer Krankheit, aber sie sind ohne Zweifel die Folge falschen Verhaltens bzw. Denkens.
Denn wenn ich richtig denke, weiß ich, daß ein solches Fehlverhalten mich nicht gesund erhalten kann.
Im gerichteten Bewußtsein verhalte ich mich richtig und erkenne, daß mein Verhalten meine äußeren Umstände beeinflußt und formt.
Nur *ich* kann also das Not-wendige tun, um eine innere Not zu wenden.
Und manche Menschen sind erst nach langem Leid bereit, diese Tatsache zu akzeptieren. Erst wenn von außen keine Hilfe mehr zu erwarten ist, kommt vielen die Erkenntnis, daß das, was sie in erster Linie ändern müssen, sie selbst sind.
Selbst umweltbedingte Krankheiten sind ein Ausdruck einer gestörten Bewußtseinshaltung.

Schon der große Philosoph Hermes Trismegistos hat vor mehr als 3000 Jahren vor Christus die Weisheit verkündet:

Wie innen, so außen,
wie im Kleinsten,
so im Größten.

Er war den alten Ägyptern bekannt unter dem Namen "Der ganz Große" oder der "Meister aller Meister" und seine hermetischen Gesetze, seine Philosophie, haben auch über die Jahrtausende nichts an Hochachtung und Anerkennung eingebüßt und sind heute aktueller denn je.

Der Geist beeinflußt den Körper und seine Reaktionen. So ist alles in der äußeren Welt ein Spiegel des inneren Zustandes.

Im Außen kann kein Friede sein, solange ich in mir Aggressionen herumtrage.
Diese Energie wird sich als Streit, im weitesten Sinne als Krieg entladen.
So sollten wir klar erkennen: nicht die Umwelt zerstört uns, sondern das vergiftete Bewußtsein des Einzelnen, das den Naturgesetzen zuwider handelt, zerstört die Umwelt.

Auch hier kann der erste Schritt zur Besserung auch wieder nur bei der Änderung des Fehlverhaltens im Bewußtsein des Einzelnen liegen.

Und wer steuert unser Verhalten?
Es sind unsere Gedanken und Gefühle.
Nur hier kann die positive Umprogrammierung erfolgen.

Auch die sogenannten Alterskrankheiten sind nicht altersbedingt, sondern das Leben fordert uns bis zum letzten Moment zur Änderung auf.
Es ist keine Seltenheit, daß viele Menschen, die ihr ganzes Leben lang kränklich waren, im Alter plötzlich gesund sind. Sie haben die Lektionen des Lebens gelernt, losgelassen und Einstellungen geändert.

Es ist bekannt, daß der Verschleiß der Gelenke zwar im Alter die Regel ist, aber Ausnahmen bei Obduktionen beweisen, daß selbst 80- oder 90jährige die Gelenke eines 20jährigen aufweisen können.

Alle Krankheiten des physischen Körpers haben seelische Vorbedingungen und geistige Ursachen.

Unser Verstand blickt stolz auf alles,
was er wahrnehmen kann.
Doch in unserer Seele tragen wir
die ganze Vergangenheit
und die einzige Wahrheit mit uns.
Horchen wir wieder auf die Stimmen,
die uns aus einer tieferen Schicht
zur Ganzheit raten, und Gesundheit
wird uns begleiten.

Die kosmische Religiosität
ist nicht einfach zu verdeutlichen,
da sie keinem menschenartigen
Gottesbegriff entspricht.
Wie nichtig sind doch des Menschen
Wünsche und Strebungen, verglichen
mit der Erhabenheit und wunderbaren
Vollkommenheit, welche in der
Gesamtheit der Natur zu finden sind.
Im Menschen verborgen liegt die
Sehnsucht, sich als Teil des Ganzen
zu erleben, und sie wird erwachen,
wenn der Mensch reif dazu ist.

Wie lerne ich es, die Botschaft des Körpers zu verstehen?

Wenn wir lernen wollen, die Botschaften zu hinterfragen, gilt es als erstes zu erkennen, daß sich hinter einer Krankheit immer ein ungelöstes Lebens-Problem verbirgt.
Wir sind unfähig oder unwillig, auf bestimmte Anforderungen des Lebens in der richtigen Art und Weise zu reagieren.

Wir sind im Laufe der Zeit Meister im Verdrängen und Ignorieren geworden und haben die Sprache, mit der uns die Seele im physischen Körper begegnet, immer mehr verlernt.
Wir wehren uns verstandesgemäß, die Signale mit Lebenssituationen, Konflikten und gefühlsmäßigen Reaktionen in Zusammenhang zu bringen.

In der Regel ist es relativ einfach, die Zusammenhänge zwischen körperlichen Mißempfindungen und der dafür verantwortlichen Lebenssituation oder eines Ereignisses zu finden.
Wir werden von unseren Gedanken und Gefühlen bewegt.
Jeder Erkrankte sollte seine emotionale Haltung überprüfen und analysieren.
Das emotionale Geschehen resultiert aus dem Denken und hat eine starke Kraft.
Folgende Fragen sollten zur Klärung beantwortet werden:

„Welche Gefühlsenergie blockiert mich?"
„Was belastet mich, bewegt mich?"

Der enge Zusammenhang zwischen bestimmten Gefühlen und Organen ist uns allen schon aus dem Volksmund bekannt.

Angst und Schreck läßt uns den Atem anhalten;
aus Verlegenheit bekommen wir einen roten Kopf.

Wir alle verwenden Aussprüche wie etwa:

„Mir bleibt die Luft weg";
„ich habe eine Wut im Bauch";
„das Herz zerspringt mir vor Freude";
„etwas geht mir unter die Haut";
„der Bissen bleibt mir im Halse stecken";
„eine haarsträubende Situation";
„das geht mir an die Nieren";
„mir läuft die Galle über";
„die Sorgen sitzen mir im Genick";
„das bricht mir das Rückgrat" u.v.a. mehr.

Nicht selten beruhen chronische körperliche Mißempfindungen auf in der Kindheit tabuisierten Gefühlen, die durch Androhung von Strafe oder Liebesentzug unterdrückt wurden und daher bis zum gegenwärtigen Zeitpunkt als negativ erlebt werden, z.B.: „Ein Junge weint doch nicht", „wenn du noch einmal so böse bist, hat dich die Mami nicht mehr lieb" oder „schäme dich, man spielt doch nicht mit seinem Pippimännchen" usw. So entstand in vielen Fällen schon früh eine Entfremdung vom eigenen Selbst.

Sitten-Gesetze und Tabus, Konfessionen sowie die modernen Wissenschaften tragen zu einer fortschreitenden geistig-seelischen Verwirrung bei.
Der Mensch wird von klein auf in seiner Persönlichkeitsentwicklung permanent gezwungen, anders zu fühlen und zu handeln, als es ihm von Natur aus mitgegeben ist.
Schlicht, wir sind alle in gewisser Weise "dressiert" worden, und unsere ureigensten inneren Impulse wurden aus unserem Bewußtsein verdrängt oder ausgemerzt.
Auch die Erwartungshaltung unserer näheren Umgebung und der Umwelt blockiert uns im Zulassen der auftretenden Gefühle. Diese an uns herangetragenen Erwartungen können zu einem schwerwiegenden Problem heranwachsen, denn wir

fühlen, wie wir sein möchten, reagieren aber, wie wir sein sollten bzw. wie es von uns erwartet wird.
Die dadurch entstehende innere Disharmonie muß zwangsläufig in die Krankheit führen, da wir Teile unseres wahren Wesens verleugnen und nicht leben.

Immer mehr Menschen leiden in der heutigen hektischen und schnellebigen Zeit an leichten bis schweren Depressionen. Die häufigste Ursache sind angestaute Aggressionen von Menschen, die *Ja* sagen und *Nein* meinen und umgekehrt.
Sie werden nicht Herr über ihre Aggressionen, die sie gegen andere, gegen sich oder gegen das Leben haben.
Die angestauten, nicht verarbeiteten Gefühle werden zu einer Waffe, die sich gegen den Betroffenen selbst wendet und zu schwersten psychosomatischen Erkrankungen führen kann.

Heilwerden bedeutet also hier, das wahre Wesen des Individuums zu entwickeln und verdrängte Gefühle wieder zuzulassen.

Um die Wirklichkeit hinter dem Schein zu erkennen, gilt es also, wie ein Kriminalist zu forschen, um den Ursprüngen der gegenwärtigen Probleme, Mißempfindungen oder Krankheiten auf die Spur zu kommen.
Dazu dienen Fragen wie etwa:
„Was ist mein Problemorgan?"
„Mit welchem Symptom begann meine Krankheit?"
„Wie waren zum derzeitigen Zeitpunkt meine Lebensumstände?"

Der Schlüssel zum Erkennen der Symptomsprache liegt als erstes in der Bereitschaft, sich in dem Bewußtsein der Eigenverantwortung mit dem Problem bzw. der Krankheit zu konfrontieren, um die eigentliche Ursache zu erforschen und letztendlich zu erkennen.

Dabei dürfen wir uns nicht vom *Auslöser,* also von evtl. vorhandenen Bakterien oder Viren bzw. anderen Umständen, die wir so gerne für die Entstehung der Krankheit verantwortlich machen, ablenken lassen.

Eine sehr gute Hilfe ist es, wenn wir uns selbst die Entstehung der Krankheit und die Lebensumstände schildern, und dabei genau auf die Beschreibung achten, denn in der präzisen Formulierung steckt in den meisten Fällen auch schon die zur Erkenntnis notwendige Information.

Wenn mir beispielsweise ein äußeres Geschehen "schwer im Magen liegt“, oder ich „etwas nicht verdauen kann“, habe ich schon einen deutlichen Hinweis für den Bereich, evtl. das Organ im Körper (hier Magen bzw. Verdauungsorgane), in dem sich diese Gefühle als Symptom äußern, und kann hieraus in der Regel auch schon die geistige Fehlhaltung ableiten.
Angenommen, ich zerbreche mir ständig über bestimmte Dinge oder eine Lebenssituation den Kopf, sind in regelmäßigen Intervallen wiederkehrende Spannungs-Kopfschmerzen nur die natürliche Folge.

Wenn ich immer wieder denke und analog natürlich fühle, „ich kann mein Leben, so wie es jetzt ist, nicht mehr ertragen, die Situation zerbricht mich“, dann sollte ich nicht verwundert darüber sein, daß mein Rücken, die Wirbelsäule schmerzt.

Die in dieser Lage entstehende Aggression, die später in Resignation enden kann, und der Widerstand, den ich gegen die Situation und das Leben – so wie es zur Zeit ist – entwickle, müssen die Muskulatur verkrampfen und versteifen.

Es wäre nicht wirklich heilsam, das Warnsignal durch schmerzlindernde Medikamente zu unterdrücken, sondern ich muß mir bewußt machen, daß ich solange Schmerzen habe, bis ich erkenne, daß ich mein Leben und die unerträgliche Situation bzw. die Einstellung zum Problem, meinen geistigen Standpunkt ändern muß.

Es sollte nicht verheimlicht werden, daß so manche Erkenntnis für den Einzelnen oft schwer in die Tat umzusetzen ist, da er sich dazu alleine außerstande, d. h. zu schwach und unsicher fühlt.

In solchen Fällen kann der Betroffene mit Hilfe eines ganzheitlich arbeitenden Psychologen, Lebensberaters oder ggf. Psychotherapeuten seine Situation klären, Fehlverhalten auflösen bzw. weiteres verhindern, sowie Schritt für Schritt wieder eine bessere Lebensqualität erreichen.

Dem Laien sei noch einmal ans Herz gelegt, daß es äußerst wichtig ist, den eigenen Schilderungen der Gefühle und der Lebenssituation aufmerksam Gehör zu schenken.

Wenn ein Mensch immer wieder betont, daß die Konflikte mit seinem Partner ihm "an die Nieren gehen", sollte er anfangen, an Lösungen zu denken, bevor sich die Probleme tatsächlich an dem Organ Niere manifestieren.

Wer – aus welchem Grund auch immer – die Freude an seinem Beruf verloren hat, darf sich nicht wundern, wenn morgens der gewohnte Antrieb ausbleibt und es an "Startenergie" fehlt. Viele Antriebsschwache versuchen tagtäglich diesem Problem mit Aufputschmitteln – in harmlosesten Fällen Kaffee oder Tee – zu Leibe zu rücken. Aber das Symptom wird nur für ein paar Stunden unterdrückt, und der Teufelskreis beginnt von neuem.

Das Symptom lenkt unsere Aufmerksamkeit immer auf das, was wir nicht fortsetzen, sondern ändern sollten.
Eine vorgeschriebene "Standardlösung" kann es allerdings in keinem Fall geben, da jedes Problem seinen individuellen Charakter hat.

Folgende Beispiele verdeutlichen diese Aussagen:

Subluxation = Verrenkung

Durch eine Verrenkung und den damit verbundenen Schmerz zwingt mich das Leben über die daraus entstehende Unbe-

weglichkeit zur nötigen Ruhe, um die ungute Situation zu überdenken.
Eine Manipulation durch Chiropraktik an der Wirbelsäule wäre hilfreich, und analog muß evtl. auch im Leben etwas "eingerenkt" werden.
Oft kann durch einen kräftigen Ruck am verrenkten Wirbel wie auch in der Lebenssituation durch spontane Änderung die seelisch-geistige Harmonie wieder hergestellt und so die Gesundung herbeigeführt werden.

Kreislaufstörungen

Kreislaufstörungen sind meistens gepaart mit peripheren Durchblutungsstörungen.
Der innere Ablauf der Energien ist gestört.
Von der geistigen Fehlhaltung her betrachtet, ziehe ich mich wesensmäßig von etwas zurück, evtl. vor Verantwortung oder der Realität, von etwas im Außen.
Ich möchte etwas nicht so annehmen wie es ist, ich lehne etwas ab, ich bin mit etwas nicht in Harmonie und belaste so meinen Kreislauf.
Wie versuchen wir, mit äußeren Hilfsmitteln diesen körperlichen Störungen zu Leibe zu rücken?
Mit kalten Duschen, Abreibungen, mit Bewegung. Die Zirkulation soll gefördert werden.
Und genau das fehlt auch geistig.
Ich muß mein Wesen wieder in Bewegung bringen, ich muß mich den Aufgaben des Lebens wieder stellen, mich dem Leben wieder aussetzen, mich der gegebenen Situation stellen.

Atmung

Wer Probleme mit der Atmung hat, sollte sich verinnerlichen, daß Atem *Leben* ist.
Über den Atem zwingt mich das Leben, dem Rhythmus des

Kosmos zu folgen. Indem ich atme, schließe ich mich dem Leben an, bin ein Teil der Schöpfung.
Ich muß das Außen – den Atem – in mich hineinnehmen und in einem rhythmischen Geschehen wieder loslassen und den Atem wieder abgeben.
Wer Atemnot oder krampfartige Atemzustände hat, ist nicht in Harmonie mit dem Lebensrhythmus, er kollidiert mit dem Leben. Und diese Probleme mit der Atmung zeigen dem Leidenden als äußere Information, wo er aus der Ordnung gefallen ist, wo er nicht mehr mit dem Leben fließt.

Der Erkrankte sollte sich fragen:
„Wo will ich anders, als das Leben zur Zeit sich mir darstellt?"
„Wo stelle ich mich quer?"
„Wo kollidiere ich mit dem Leben, wo verkrampfe ich mich?"

Wird die geistige Fehlhaltung durch Einsicht bzw. Einstellungsänderung beseitigt, lasse ich das Leben wieder zu und so auch die natürliche Atmung.
Atemnot und Verkrampfung lösen sich auf, da über die Erkenntnis die *Ursache* beseitigt wurde.

Der beste Beweis hierfür ist auch, daß, wenn der Patient durch Entspannungsübungen in die Ruhe und Stille geht und so alles Äußere losläßt, die Atmung für diese Zeit bestens funktioniert.
Läßt er später die Verkrampfungen und störenden Gedanken in seinem Bewußtsein erneut aufkeimen, geht ihm wieder der Atem aus, bzw. es nimmt ihm wieder etwas die Luft.

Heuschnupfen

Generell ist er eine bestimmte Form der Allergie.
Eine Allergie ist eine Abwehr.
Betrachten wir das Allergen, wird uns klar, was abgelehnt wird.
Beim Heuschnupfen treten die Beschwerden mit dem Fliegen der Blütenpollen auf.

Blütenpollen sind ein Befruchtungs- und Fortpflanzungs-Symbol. Hier wird uns gezeigt, daß das Thema Sexualität oder Fruchtbarkeit ängstlich angefeindet und abgewehrt wird.

Eine Allergie zeigt immer, daß der Betroffene einen überzogenen Wertmaßstab hat.
Bei den Erkrankten handelt es sich meistens um intelligente und idealistische Menschen, die das Gute, Edle, Reine wollen.

Durch falsche Vorstellungen, oft begründet in der Erziehung, lehnen sie bestimmte Dinge und so auch die Sexualität *unbewußt* ab.
Und diese Ablehnung manifestiert sich im Symptom der allergischen Erkrankung.

Der Allergiker hat eine ganz klare Vorstellung, wie die Dinge zu sein haben, und er ist nicht bereit, die Tatsachen und Gegebenheiten, die unabänderlich sind, zu akzeptieren.
Er möchte aus seinem Blickpunkt ideale Umstände und kämpft gegen die Dinge bzw. das Leben an.

Um die Sprache des Körpers zu verstehen, sollten wir in die Stille gehen und die psychosomatischen Zusammenhänge beobachten, möglicherweise sogar Notizen darüber machen.

Letztendlich geht es also darum, die Deutung der Krankheitszeichen wieder zu erlernen.
Diese Sprache existiert seit alters her, ist nicht erfunden, sondern muß lediglich wiedergefunden werden.
Wenn wir sie als Lehrer sehen und betrachten, beginnt eine heilsame Kommunikation. So entsteht der Durchbruch zur wirklichen Gesundung und zum ganzheitlichen Heilsein:

Erkennen – Bewußtmachen – Ändern – Heilung

Welche Botschaft vermitteln die einzelnen Organe?

– Psychosomatik –

Die Funktion der Organe wird über das vegetative Nervensystem gesteuert, und so sind Organstörungen auch immer vegetative Störungen.
Das vegetative Nervensystem ist das verbindende System zwischen dem Erleben und der körperlichen Reaktion.
Geht einem Menschen eine Nachricht "unter die Haut", stellt sich als vegetative Reaktion die sogenannte Gänsehaut ein.
Die Magenfunktionen streiken, wenn uns "etwas wie Blei im Magen liegt".

Seelische Störungen werden über das vegetative Nervensystem in den organischen Bereich übertragen.
So wird deutlich, daß das Unbewußte Organe oder Organsysteme auswählt, um seelisches Leiden hier zum Ausdruck zu bringen. Allerdings geschieht die Organwahl nicht zufällig, sondern hinter jedem Krankheitssymptom verbergen sich ganz bestimmte Konflikte.
Ein Hinschauen auf die wichtigsten Organe von A bis Z und ihre psychische Entsprechung kann uns dieses verdeutlichen.

In der Kürze dieser Ausführungen kann allerdings kein Anspruch auf Vollständigkeit erhoben werden.
Es sollte vielmehr das Ziel verfolgt werden, beim Leser wieder den Sinn und das Verständnis für die psychischen und körperlichen Zusammenhänge zu erwecken.

Die Augen

Die Augen, ein besonders wichtiges Organ, da sie uns 80% der gesamten Sinneseindrücke vermitteln, werden allgemein als "Spiegel der Seele" bezeichnet.
Man kann den Blick des Anderen erforschen und sehr viel in seinen Augen lesen, z. B. die momentane Stimmung oder Gemütsverfassung, aber auch die Persönlichkeitsstruktur eines Menschen.
Über die Augen äußern wir Gefühle.
Man denke an den bösen Blick oder den Blick, der von tiefer Liebe erfüllt ist.
Im Auge sind alle Stimmungen und Gefühle zu erkennen und jede Gefühlsveränderung wird sofort im Ausdruck der Augen sichtbar.
Die häufigsten Symptome, die Störungen in der seelisch-geistigen Haltung erkennen lassen, sind Kurzsichtigkeit und Weitsichtigkeit.

Ein Kurzsichtiger erkennt alles Nahe gut und alles in der Ferne undeutlich.
In der Kurzsichtigkeit drückt sich die Angst vor den äußeren Dingen des Lebens aus.
Der Kurzsichtige weigert sich, den Tatsachen des Lebens ins Auge zu schauen und ist nicht bereit, sich den Anforderungen des Lebens zu stellen sowie Eigenverantwortung zu übernehmen.
Das Problem der Kurzsichtigkeit tritt am häufigsten in der Jugend auf, wo bekanntlich die "Weitsicht" noch fehlt.
Nicht selten bessert sich die Sehfähigkeit mit zunehmendem Alter, oft in dem Maße, wie die Aufgeschlossenheit und Weitsicht zunimmt.
Der Kurzsichtige hat den Kreis seiner Ausdehnung eingeengt und zeigt eine starke Subjektivität.

Das Leben zwingt ihn geradezu, die Ursachen bei sich selbst im Eigenbereich zu suchen, sich mit sich selbst auseinanderzusetzen.
Der Betroffene wird durch die Symptome aufgefordert, den Weg der Selbsterkenntnis zu beschreiten, um aus der Starre seines engen Gesichtskreises herauszugelangen.

Der Weitsichtige hat die erforderliche "Weitsicht" leider nur auf der körperlichen Ebene entwickelt. Er sieht entfernte Gegenstände deutlicher als nahe.
In der seelisch-geistigen Haltung zeigt sich eine Starre, eine Verhärtung.
Ein Weitsichtiger sollte seine geistige und visuelle Beweglichkeit fördern. Starre Gewohnheiten und festgefahrene Verhaltensmuster sollten überdacht und zur "Beweglichkeit" geführt werden.

Die Bindehautentzündung zeigt wie jede andere Entzündung ein akutes Geschehen. Bei geschlossenen Augen tritt Schmerzerleichterung ein. Geistig ist es erforderlich, sich dem verursachenden Konflikt zu öffnen bzw. ihm ins Auge zu schauen. Ist der Konflikt erkannt bzw. gelöst, kann das Symptom, die Bindehautentzündung, verschwinden.

Der Grüne Star

Der erhöhte Augeninnendruck führt zu einer Einschränkung des Gesichtsfeldes. Langanhaltender Druck, unter den sich ein Mensch gesetzt hat oder hat setzen lassen, hat zu einer Gefühlsblockade geführt. Der Betreffende hat den Überblick verloren.
Der Augeninnendruck ist das Symptom für psychischen Druck, für nichtgeweinte Tränen.
Wichtig ist, die Gefühlsblockade, die zu diesem Druck geführt hat, zu erkennen und sich damit auseinanderzusetzen.

Meistens liegt die Ursache weit zurück in der Vergangenheit. Es könnte eine alte Aufgabe sein, die nicht gelöst, sondern permanent unterdrückt wurde.

Der graue Star

Bei dieser Krankheit handelt es sich um eine Stoffwechselstörung. Nicht ausgeschiedene Stoffwechselprodukte setzen sich in der Linse fest und trüben den Blick.
Generell ist die falsche Lebensweise zu ändern, die sich ebenfalls im Aufnehmen "schädlicher" Nahrung äußert.
Vom geistig-seelischen Standpunkt betrachtet sollten die Schöpfungsgesetze wieder erkannt und beachtet werden, um so in Harmonie mit dem Leben zu sein.

Die Bauchspeicheldrüse

(Pankreas)

Sie gehört zum Bereich der Verdauung und hat zwei Funktionen.

1. Im exokrinen Teil werden täglich etwa 1–1,5 Liter Verdauungssäfte gebildet. In ihnen enthalten sind Enzyme, die den Stoffwechsel steuern und fördern.
Leiden wir unter Verdauungsstörungen, weil durch Trägheit des Organs zu wenig Enzyme produziert werden, sollten wir

uns fragen, wo wir im Leben resigniert oder Aggressionen nicht zugelassen haben.
Resignation behindert uns in unserer Entwicklung. Die erforderliche Umwandlung findet nur ungenügend statt, was sich auf der körperlichen Ebene in Verdauungsproblemen äußert.

Die geistige Fehlhaltung besteht darin, daß wir keinen Ausweg sehen und deshalb nicht die erforderliche Kraft mobilisieren, um aus dem Teufelskreis der frustrierenden Lage auszubrechen.

2. Im endokrinen Teil der Bauchspeicheldrüse – in den Inselzellen – wird das Hormon Insulin produziert.
Eine Unterproduktion führt zur Zuckerkrankheit, dem Diabetes mellitus.

Der Diabetiker kann bei einem Mangel dieses Hormons den in der Nahrung aufgenommenen Zucker nicht verarbeiten. Er scheidet ihn im Urin wieder aus.
Viele Menschen, denen es an Liebe und Zuneigung mangelt, belohnen sich selbst mit Zucker bzw. Süßigkeiten.
Wenn wir das Wort Zucker mit Süße des Lebens, mit Liebe vergleichen, erkennen wir das Problem des Diabetikers.
Er kann nicht umgehen mit den "Süßigkeiten des Lebens", seine Wünsche werden verdrängt, anstatt gelebt. Er gesteht sich seine Sehnsucht nach Liebe nicht ein und leidet an der Unfähigkeit, Liebe anzunehmen und sie in sich zuzulassen. Er lebt von Ersatznahrung, die den Ersatz für seine wirklichen Wünsche ausdrückt.

Die Krankheit führt mehr und mehr zu einer Übersäuerung des ganzen Körpers, die im Koma enden kann.
Wenn wir die Säure als Symbol der Aggression erkennen, wird bewußt, daß der Diabetiker "sauer" wird, weil er Liebe will, sie aber nicht leben und auch nicht zulassen kann.
Der Kreislauf beginnt, wie im Äußeren, so im Inneren.
Er sehnt sich nach Liebe (Zucker), kann sie aber nicht zulassen, weil er nicht "verdauen" kann.

Der Diabetiker muß lernen, Liebe zuzulassen wie auch zu geben. Wenn er lernt, zu seinen "süßen Wünschen" zu stehen und sie wirklich lebt, kann er von der Ersatzebene auf die Ebene der Wirklichkeit gelangen.

Die Blase

Die Blase ist das Sammelbecken für die von der Niere ausgeschiedenen Stoffe.
Die gefüllte Blase drückt uns zum "Loslassen", und wir fühlen uns danach erleichtert. Wer unter starkem Druck oder Streß steht und ihn nicht abbauen kann, leidet sehr gerne unter Blasendruck. Er verschafft sich wenigstens auf der körperlichen Ebene "Druckerleichterung".

Ein gutes Beispiel dafür ist der Bettnässer. Er läßt im Schlaf bei fehlender Selbstkontrolle los. Bettnässen ist ein "Weinen" über die Blase.
Kinder, die nachts einnässen, stehen unter starkem Druck. Hierüber sollten die Eltern aufgeklärt werden.

Die Blasenentzündung zeigt durch das Brennen beim Harnlassen, wie schmerzhaft das "Loslassen" erlebt wird und gleichzeitig, wie erforderlich es ist.

Für den Blasenkranken ist es notwenig, sich um "Druckerleichterung" zu bemühen. Er sollte unnötigen Ballast in seinem Leben loslassen und im Festhalten bestimmter Situationen und Dinge die geistige Fehleinstellung erkennen.

Das Blut

Da es bei den umfangreichen Bluterkrankungen und des damit zusammenhängenden Systems zu weit führen würde, auf die Einzelheiten einzugehen, soll hier nur folgendes erwähnt werden:
Blut ist für viele Religionen der Sitz der Seele.
Für unseren Körper ist es die Lebenskraft schlechthin.
Die Zusammensetzung des Blutes ist individuell verschieden.
Die Untersuchung nur eines Tropfen Blutes läßt bedeutende Rückschlüsse auf den betreffenden Menschen zu.

Hinter einer Bluterkrankung verbirgt sich immer eine "Wesenserkrankung".
Sehr oft zeigt sich, daß die Entfaltung der eigenen Persönlichkeit des betroffenen Individuums extrem behindert ist. Bei Bluterkrankungen kommen in der Regel so viele Faktoren zusammen, daß in der Kürze dieser Ausführungen nicht im einzelnen darauf eingegangen werden kann. Eine spezifizierte Deutung ist wichtig und unumgänglich.

Die Bronchien

Die Bronchien, die unser Grundnahrungsmittel Luft filtern und in die Lunge weiterleiten, können sich entzünden oder verkrampfen. Bei einer Entzündung tritt eine Verschleimung ein, die uns das Luftholen erschwert. Wir husten den Schleim ab, und je mehr wir davon loswerden, desto erleichterter fühlen wir uns.

Analog wehren wir uns seelisch-geistig, bestimmte Eindrücke ungehindert in uns aufzunehmen. Das Husten verdeutlicht, daß wir sie abwehren, vielleicht sogar jemandem „etwas husten" wollen.
Wenn sich die Bronchien verkrampfen (Bronchialspasmen), so sollten wir uns fragen, ob wir uns überfordert haben, oder ob wir – was meistens der Fall ist – an Überforderung im Außen leiden.
Sowohl übertriebene, wie auch mangelnde Fürsorge können ein Auslöser der Bronchialerkrankung sein.
In jedem Fall ist eigene Entwicklung behindert, und sie gilt es zu fördern.

Die Brust

Die Brust als Ausdruck der Weiblichkeit zeigt bei einer Erkrankung immer, daß eine Störung im partnerschaftlichen Bereich vorliegt.
Es bestehen in der Regel Aversionen wie Bitterkeit, Haß oder Überempfindlichkeit gegenüber einem Partner. Meistens ist die abgelehnte Person ein Sexualpartner. Es kann sich aber auch um die partnerschaftliche Beziehung zu einem Kind oder einem anderen nahestehenden Menschen handeln.
Die Änderung in Richtung Heilung erfolgt durch das bewußte Auflösen und Verarbeiten der selbstzerstörerischen Negativ-Gefühle.

Der Dickdarm

Der Dickdarm ist die letzte Station der zu verarbeitenden Nahrung, und er hat einen direkten Bezug zum Unbewußten.
An diesem Organ manifestiert sich besonders der Stau unverarbeiteter Gefühle, Eindrücke und Ängste.

In der heutigen Zeit leiden die meisten Menschen an Verstopfung. Hier zeigt sich deutlich das zu starke Verhaftetsein oder "Festhalten" am Materiellen.
Die Verstopfung symbolisiert die Unfähigkeit, im materiellen Bereich loslassen zu können, nicht hergeben zu wollen, den Geiz.
Der Betroffene kann auch mit seinen Gefühlen geizen. Immer ist der natürliche Rhythmus und Fluß der Dinge blockiert, was sich im "nicht loslassen können" des Stuhlgangs äußert.

Im umgekehrten Fall, dem Durchfall, will der Betreffende seine unverarbeiteten Gefühle und Ängste ruckartig loswerden.
Die Angst schlägt ihm auf den Darm, und weil der Druck zu groß ist, läßt er los.

Bei der chronisch-entzündlichen Dickdarmerkrankung (Colitis ulcerosa) verliert der Erkrankte Blut und Schleim.
Hier zeigt sich eine ausgeprägte Angst, das Leben selbst in die Hand zu nehmen und die eigene Persönlichkeit zu verwirklichen.
Besondere Angst hat der Colitis-Patient vor den sich daraus zwangsläufig ergebenden Widerständen und Schwierigkeiten.
Und aus der verdrängten Angst heraus "schwitzt er Blut und Wasser" über den Darm.
Ihm hilft nur die Erkenntnis, daß jeder Mensch die Verantwortung für sein Leben alleine tragen muß, und das Umsetzen dieser Erkenntnis in die Tat.

Bei generell allen Darmerkrankungen erfolgt die Besserung oder Heilung dadurch, daß unbewußte Inhalte nicht weiter verdrängt, sondern aufgelöst und verarbeitet werden.
Die Dinge, die bisher so erfolgreich verdrängt wurden, gehören an die Oberfläche gebracht. Die beste Darmsanierung beginnt mit dem geistigen Aufräumen.
Einzubeziehen sind allerdings auch die Lebensumstände, die noch zu bereinigen sind.

Der Dünndarm

Der Dünndarm analysiert und assimiliert die Nahrungsbestandteile.
Anatomisch besteht eine Ähnlichkeit zwischen den Organen Dünndarm und Gehirn.
Das Gehirn "verdaut" die geistigen Eindrücke, der Dünndarm die stofflichen.

Der Dünndarmkranke bewertet und analysiert zuviel und legt ein überkritisches Verhalten an den Tag.
Er sollte aufhören mit seiner "Haarspalterei" und damit, Kleinigkeiten überzubewerten und zu sehr ins Detail zu gehen. Vielmehr sollte er das Leben bejahen und nicht sofort überzogen reagieren, wenn eine Lebenssituation nicht ganz so ist, wie er sie haben will, oder wie sie idealerweise sein sollte.
Auch bei Durchfallerkrankungen spielt die Überreaktion des Dünndarms eine große Rolle.
Hier zeigt sich die Angstproblematik.

Der Volksmund sagt schon: „Der hat Schiß“ oder: „Der macht sich noch vor Angst in die Hosen“.
Wer zuviel Angst hat, versäumt die notwendige Zeit, sich mit den Dingen bewußt auseinanderzusetzen. Er läßt Eindrücke vielmehr unverdaut "hin-durchfallen“ und befreit sich dann auf dem stillen Örtchen, indem er dort den Dingen freien Lauf läßt.
Der Dünndarmerkrankte sollte sich mit den Gegebenheiten gründlich auseinandersetzen bzw. sie richtig werten und damit richtig verwerten.

Die Galle

In der Gallenblase wird die von der Leber erzeugte Galle gesammelt.
Oft ist der Fluß der Gallenflüssigkeit auf ihrem Weg zur Verdauung behindert, weil die Gallengänge durch Verkrampfung oder durch das Vorhandensein von Grieß oder Steinen blockiert sind.

Die Galle ist eindeutig die Projektionsfläche angestauten Ärgers. Jeder kennt den Choleriker mit seinen angestauten Aggressionen und weiß, daß er "Gift und Galle spuckt“.
Ein Mensch, der sich ständig ärgert und gereizt ist, darf sich nicht wundern, wenn ihm "die Galle überläuft“.
Bei ihm will sich die Ärgernisenergie freien Lauf verschaffen, und da das nicht immer möglich ist, kommt es zu einem Energiestau, evtl. zu Gallensteinen. Es kommt zu Koliken, und

der Körper zwingt den Betroffenen über den Schmerz geradezu, sich zu äußern. Die gestauten Aggressionen müssen abgebaut werden. Daran sollte jeder denken, der sie unterdrückt.

Es gibt viele hilfreiche Methoden, Streß und Ärger gezielt abzubauen.
Noch empfehlenswerter ist allerdings, zu erkennen, daß Ärger in vielen Situationen nicht notwendig ist und zu lernen, ihn erst gar nicht aufkommen zu lassen und so die innere Ruhe und Gelassenheit zu bewahren.

Die Gelenke

Ein Gelenk ist immer eine Verbindung zwischen zwei Teilen.
Die häufigsten Beschwerden an Gelenken sind Entzündungen, Versteifungen, Verstauchungen und Verrenkungen.

Analog kann man auch im Leben in einer Verbindung zwischen zwei Teilen (Partner, die zusammengehören) auf etwas versteift sein, verspannt und überspannt oder sogar "ausgerenkt" oder "verdreht".
Wer in einer Beziehung festgefahren ist, wird unbeweglich.

Die Lebensumstände müssen überdacht und korrigiert werden.
Die zwischenmenschlichen Beziehungen sind zu überprüfen, und gegebenenfalls ist eine zu starke Bindung zu lösen, damit der Betroffene wieder "beweglich" wird.

Besonders erwähnt sei noch die Hüfte, die den Fortschritt symbolisiert.

Die Hüften sind ein Symbol für Eigenständigkeit und Unabhängigkeit, aber auch für Unbeugsamkeit.
Mit einem künstlichen Hüftgelenk täuscht der Mensch seine nicht mehr vorhandene Beweglichkeit auf der geistigen Ebene – wenigstens auf der körperlichen – vor.

Gäbe es die Ersatzteile nicht, wären wir gezwungen, den seelischen Zustand zu verbessern, an unserem geistigen Fortschritt zu arbeiten, anstatt nur an der doch so vergänglichen Projektionsfläche Körper.

Die Geschlechtsorgane

Die Geschlechtsorgane dienen der Paarung und Fortpflanzung. Die Voraussetzung dafür ist die Verbindung mit einem Partner.

Hinter Erkrankungen an den Geschlechtsorganen verbergen sich häufig sehr tiefsitzende schmerzliche Gefühlsstörungen. In der Mehrzahl der Fälle beruhen sie auf frischen oder vergangenen, nicht verarbeiteten Enttäuschungen und Erlebnissen, die sich oft in eine ablehnende Haltung gegenüber dem Partner umwandeln können.
Probleme mit den Eierstöcken zeigen, daß der körperliche Kontakt zu einem Partner Störungen aufweist, bzw. daß der Erkrankten die Bereitschaft fehlt, den anderen ganz in sich an- und aufzunehmen.
Prostatabeschwerden, die im Alter gehäuft auftreten, sind ein Zeichen für ein unbefriedigendes Sexualleben oder die Unfähigkeit, sich im sexuellen Bereich befriedigend darzustellen.

Bei Beschwerden im Bereich der Geschlechtsorgane muß die Gemeinsamkeit, die Einheit wiederhergestellt werden.
Eine grundlegende Auseinandersetzung mit sich selbst und dem Partner kann die Fehlhaltung ans Licht bringen.
Manchmal ist eine totale Umstellung der Lebenshaltung erforderlich, um Befreiung zu erlangen.
Ein verständnisvoller Berater kann hier helfen.

Die Haut

Die Haut ist das umfangreichste Organ des Menschen.
Die Hautoberfläche enthält eine Vielzahl sensorischer Wahrnehmungsorgane, welche als Empfänger für die verschiedenen Reize (Hitze, Kälte, Berührung, Schmerz) fungieren.
Über eine halbe Million sensible Nerven verlaufen von der Haut zum Rückenmark.
Die Haut ist unser Kontaktorgan, mit dem wir die Umwelt durch direkte Berührung erleben.
Gleichzeitig schützt oder grenzt sie uns auch ab und bewahrt uns somit vor schädlichen Einflüssen. Auf oder in der Haut werden alle inneren Vorgänge deutlich.

Ein geübter Praktiker erkennt und tastet an der Projektionsfläche Haut den Zustand der Organe und kann diese auch über die Haut behandeln.
Hinter Hauterkrankungen verbergen sich immer starke Gemütsbewegungen oder auch eine (Über-) Empfindlichkeit oder Ablehnung gegenüber der Umwelt. Ein Hautkranker ist stark emotional engagiert.

Daß die Haut in der Sexualität eine große Rolle spielt, ist hinreichend bekannt. Bestandteile jeder Liebesbeziehung sind auf der körperlichen Ebene die Hautnähe des Partners und das Gefühl seiner Wärme.

Der Pubertierende drückt auf der Körperoberfläche Haut durch die Akne (Pickelkrankheit) die Angst vor den ersten erotisierenden Körperbewegungen aus.

Bei der Schuppenflechte (Psoriasis) ist die natürliche Hornbildung der Haut gestört, und sie erinnert zwangsläufig an die Hornpanzerung der Tiere.
Der Betroffene schützt sich damit und grenzt sich im Äußeren ab.
Die Schuppenflechte beginnt meistens an den Ellbogen. Damit setzt und boxt man sich durch. Hier zeigen sich Verhärtung und Verwundbarkeit, und die Erkrankung will den Menschen zwingen, zumindest auf der körperlichen Ebene wieder "offen und verwundbar" zu werden.
Im tiefsten Inneren sind diese Menschen weich, empfindsam und verletzbar und wehren sich darum im Äußeren durch die Verhärtung und Schuppung der Haut.

Kurz, die Haut muß alles ausbaden, was als psychisches Geschehen von innen nach außen drängt.
Denken wir nur an Röte, Blässe, Gänsehaut, Juckreiz, Schweiß, Ausschlag, Ekzeme oder Abszesse.

Bei Hauterkrankungen ist den folgenden Fragen nachzugehen:
- Was wirklich durchbricht die Grenze Haut und kommt im Äußeren zum Vorschein, drückt sich im Äußeren aus?
- Was juckt und kratzt mich in Wirklichkeit?
- Habe ich mich zu sehr isoliert, verpanzert?

Das Herz

Das Herz, der Motor unseres Lebens, schlägt normalerweise rhythmisch und harmonisch.
Wenn wir die zahlreichen Redewendungen aufmerksam betrachten, erkennen wir, daß es immer eine Emotion ist, die das Herz aus dem harmonischen Gleichklang bringt.

„Das Herz hüpft vor Freude“,
„das Herz zerspringt vor Freude“,
„das Herz schlägt bis zum Hals“,
„ein Erlebnis ging sehr zu Herzen“ oder
„das Herz schmerzt vor Kummer und Sorgen“.

An Formulierungen wie z. B. „ihre Herzen haben zueinander gefunden“ oder „ich habe diesen Menschen in mein Herz geschlossen“, wird deutlich, daß das Herz ein Symbol ist für Geschehnisse, die nicht vom Willen oder Intellekt des Menschen gesteuert werden.

Der Mensch hat zwei Zentren:
Kopf und *Herz,* also *Verstand* und *Gefühl.*

Diese Funktionen sollten bei einem gesunden Menschen im Gleichgewicht sein.
Der Herzkranke aber ist aus dieser Ordnung gefallen.
Er möchte am liebsten alles mit seinem Kopf und Verstand regeln, und hört nicht mehr auf die "Gefühle des Herzens“. Das Organ kann sich durch Rhythmusstörungen bemerkbar machen und fordert damit auf, gefühlsmäßige Bewegungen wieder zuzulassen.

Durch die Herzneurose drückt der Betroffene eine Angst um das eigene Herzgeschehen aus.
Er wird krankhaft gezwungen, auf sein eigenes Herz zu hören. Er hat Angst, sein Herz könnte aufhören zu schlagen, er könnte "herzlos“ werden.

Während sich hier das Geschehen noch in der Psyche abspielt, zeigt sich bei der Angina pectoris (Verengung der Herzkranzgefäße) der Schaden bereits auf der körperlichen Ebene.
Die Gefäße haben sich verengt, sind durch Verkrampfungen, die über längere Zeit das Organ heimsuchten, verhärtet.

Angina heißt Enge und Angina pectoris *Engherzigkeit.*
Im Notfall verabreicht man Nitroglycerin-Kapseln, um die das Herz umgebende Enge buchstäblich zu "sprengen".

Beim Einsetzen des Herzschrittmachers überlassen wir uns ab sofort einem fremden Rhythmus. Unser Herz wird von einer Maschine gesteuert und nicht mehr von unserem eigenen Gefühl.

Das Herz will uns durch die verschiedenen Symptome zwingen, wieder auf unsere Gefühle zu hören, uns wieder auf unser Zentrum, unsere Mitte, zu konzentrieren.

Die Leber

Die komplexen Funktionsketten der Leber machen die Betrachtung nicht gerade einfach.
Die Leber produziert Gallenflüssigkeit und regelt den Eiweißstoffwechsel. Sie dient der Energiespeicherung und ist vor allem für die Entgiftung verantwortlich.

Die symbolische Umsetzung erfolgt ebenfalls bei der Entgiftung.
Eine gesunde Leber besitzt die Fähigkeit zu unterscheiden und zu werten und somit zu entgiften.

Wer dazu nicht fähig ist, kann auch nicht entgiften.
So lassen Störungen und Erkrankungen der Leber analog die Unfähigkeit zur Wertung und Bewertung erkennen.

Die Leber erkrankt immer an *Überforderung*, an dem Zu-viel. Hier kommt in Frage: zuviel Essen, zuviel Fett, zuviel Alkohol, zuviel Medikamente oder andere Drogen, etc.

Die kranke Leber zeigt also, daß der Mensch mehr an Schädlichem aufnimmt, als er verkraften kann.
Hier begegnen wir Maßlosigkeit, überzogenen Expansionswünschen und zu hohen Idealen sowie Fanatismus.

Der Leberkranke ist energielos und im Antrieb geschwächt. Und genau damit zwingt ihn der Körper zur notwendigen Einschränkung seiner Fehlhaltungen und zum Erkennen und Überdenken seiner Situation.

Die Leber hat darüber hinaus aber auch noch einen starken symbolischen Bezug zu weltanschaulichen Bereichen und zur Religion.
Religio heißt wörtlich übersetzt Rückbindung.
Der Betroffene sollte sich fragen, ob diese Themen in seinem Leben zu kurz kommen, bzw. ob es ihm an Urvertrauen fehlt. Heilend auswirken würde sich in einem solchen Fall die Rückbindung zum Urgrund.

Erkennen kann man auch, daß von Leber-Galle-Erkrankungen immer Menschen betroffen sind, die Aggressionen nicht ausleben, sondern sie selbstzerstörerisch nach innen lenken. So ist die Leberzerstörung (Leberzirrhose) nichts anderes als eine selbstzerstörerische Reaktion.

Einige Autoren bezeichnen Lebererkrankungen als "Ausweichkrankheit bei bewußter Verzweiflung mit suizidaler Tiefe". Sie sehen auch die Gelbsucht als kein rein virologisches Problem, sondern als "Depressionsersatz".

Für die Entstehung machen sie vor allem belastende schicksalhafte Lebenssituationen verantwortlich (Bedrohung der Existenz, menschliche Vereinsamung).

Der Leberkranke sollte sich folgende Fragen stellen:
- In welchen Bereichen habe ich Probleme mit der Wertung und Bewertung?
- Wo habe ich das rechte Maß verloren, wo will ich *Zu-Viel?*
- Wo habe ich mein Unterscheidungsvermögen verloren zwischen dem, was gut (verträglich) oder schlecht (giftig) für mich ist?
- Ist meine Lebensphilosophie noch in Ordnung, und habe ich noch die rechte "Einsicht"?

Die Lunge

Die Lunge, die sich durch das "Grundnahrungsmittel" Luft entfaltet, zwingt uns zum Kontakt mit der Umwelt.

Das erkennen wir an Aussprüchen wie etwa:
„Der nimmt mir die Luft zum atmen";
„die Spannung ist atemberaubend";
„hier herrscht eine erstickende Atmosphäre";
„da muß ich erst einmal tief Luft holen (durchatmen)" oder
„seiner Wut Luft machen".

Dem Organ Lunge ist alles nicht zuträglich, was die Entfaltung behindert.
Geistig betrachtet ist bei Lungenproblemen die Eigenentfaltung und Selbstverwirklichung behindert.

Auslöser hierfür können sein: eine überbesorgte Mutter, ein dominierender Vater, aber auch Lieblosigkeit und Trauergefühle.

Übertriebenes Selbstmitleid behindert ebenso die Persönlichkeitsentfaltung wie die Angst, welche die Brust zuschnürt oder die einengende, besitzergreifende Liebe eines Partners.

Bei Asthmatikern finden wir meist überaus intensive Bindungen an die Mutter. Das Abhängigkeitsverhältnis besteht fortwährend, auch im Erwachsenenalter.
Die schon übertriebene Anhänglichkeit des asthmakranken Kindes wird durch die übertriebene Bemutterung und Fürsorge nur noch verstärkt.

Hier ist der Teufelskreis komplett.
Durch sein Leiden zeigt das Kind an, wie nötig es die Mutter braucht, und das entspricht genau ihrem neurotischen Bemutterungsdrang.

Bei Lungenleiden sollte hinterfragt werden, was dem Betreffenden den Atem verschlägt, womit er nicht in Kontakt kommen oder bleiben will bzw. was die Angst verursacht, sich frei zu entfalten und Unabhängigkeit anzustreben.

Im Atemholen sind zweierlei Gnaden,
die Luft einziehen, sich ihrer entladen,
jenes bedrängt, dieses erfrischt,
so wunderbar ist das Leben gemischt.
(Goethe)

Der Magen

Der Magen produziert salzsäurehaltige Verdauungssäfte, welche die Nahrung durchsäuern und verflüssigen.
Dieser Vorgang wird vom vegetativen Nervensystem durch den Vagusnerv reguliert.

Bei Störungen erzeugt der Magen zuviel oder zuwenig Magensäure. Es kommt entweder zur Übersäuerung, bei der die Magenschleimhaut angegriffen wird, schmerzt, was zum Geschwür führen kann oder zum Fehlen von Magensäure.
Im letzteren Fall wird die Nahrung schlecht oder gar nicht verdaut, und durch das Fehlen der Säure kann sie wie „ein Stein im Magen liegen".

Der Magen nimmt nicht nur jede Nahrung auf, sondern auch alle Eindrücke, die von außen auf uns einwirken und eben zu verdauen sind.

Wir kennen alle die Aussprüche wie:
„Ich bin sauer", oder
„das liegt mir wie ein Stein im Magen", bzw.
„diese Nachricht verdirbt mir den Appetit".

Mancher Mensch frißt buchstäblich alles in sich hinein, kann es nicht verdauen.
Auf der körperlichen Ebene zeigt sich das auch als Kummerspeck.

Wie auch die anderen Verdauungsorgane reagiert der Magen ganz empfindlich auf alle unsere Gemütsbewegungen, auf unverarbeitete Konflikte, auf Streß und Ärger.
Und bezeichnenderweise fehlt es gerade den Magenkranken an der so notwendigen Fähigkeit, sich in der richtigen Art und Weise mit Problemen und Konflikten auseinanderzusetzen, um ihre Aggressionen aufzulösen und zu verarbeiten.

Der Magenkranke (schluckt) verdrängt entweder seine Probleme und Aggressionen, oder er reagiert übertrieben aggressiv. Ihm fehlt die Fertigkeit, Konflikte zu bewältigen, und so wird er letztendlich selbst überwältigt.

Bei fast jedem Magenkranken sind tiefsitzende Aggressionen gegen die Umgebung zu finden, die er oft – weil gar nicht mehr bewußt – nicht äußert. Er ist sauer, und der Magen drückt es durch Übersäuerung aus.

Um den Mut zu haben, Aggressionen auszuleben, braucht es seelisches Gleichgewicht. Das Gefühl der Geborgenheit sowie des Geliebtwerdens sollte vorhanden sein, da sonst wiederum die Angst vor Liebesentzug jede aggressive Äußerung zurückhält.

Dem Magenkranken verabreicht man zur organischen Heilung Brei, passierte und verkochte Speisen. Er braucht sie nicht zu kauen, nicht mehr zu verarbeiten.
Der Magenkranke verträgt nichts Rohes, nichts ursprünglich Natürliches.
Aber wie Kauen schon ein Akt des Aufschlüsselns oder der Auseinandersetzung mit den Gegebenheiten ist, sollte auch der Magenpatient wieder lernen, sich dem Konflikt zu stellen.

Das, worüber er sauer ist, gilt es zu bereinigen. Er muß lernen, mit seinen Aggressionen umzugehen, anstatt sie in sich hineinzufressen und zu verdrängen.
Der Magenkranke tut gut daran, sich seiner Gefühle bewußt zu werden und Eindrücke sowie Konflikte bewußt zu verarbeiten. Seinen idealistischen und trügerischen Wunsch nach einem konfliktfreien Paradies sollte er aufgeben und lernen, sich eigenverantwortlich "durchzubeißen".

Die Nerven

– Das vegetative Nervensystem –

Wir unterscheiden zwischen dem zentralen Nervensystem (Gehirn und Rückenmark) und dem peripheren Nervensystem mit den motorischen und sensiblen Nerven.
Die dem Willen unterworfenen Bewegungsnerven, auch motorische Nerven genannt, bewirken, daß der Mensch seine Muskeln bewegen kann.
Die Gefühlsnerven, auch sensible oder Empfindungsnerven genannt, nehmen das Geschehen um uns herum wahr.
Sie vermitteln uns Eindrücke, wie z. B. das Tastempfinden, sie registrieren Druck, Wärme und Kälte.
Letztendlich sind sie auch zuständig für die Qualität der Empfindungen, z. B. weich oder hart, rauh oder glatt.
Die Bewegungsnerven reagieren also auf unseren Willen (Armbewegung, Grimasse), während die Gefühlsnerven dem Gehirn die Körperempfindungen übermitteln.
Im Großhirn laufen die Nervenbahnen zusammen.

Im Gegensatz zu dem unserem Bewußtsein zugänglichen Nervensystem gibt es noch das unbewußte Nervensystem. Es arbeitet autonom und selbständig.
Es ist ununterbrochen, Tag und Nacht, in Aktion und regelt die Tätigkeit der Nerven, die unsere inneren Organe steuern.
Es läßt sich nicht (kaum) willentlich beeinflussen und arbeitet auch im Schlaf, wenn die dem Willen unterworfenen Nerven ausgeschaltet sind. Das Herz schlägt, der Atem geht, der Darm verdaut, die Nieren scheiden aus, die Haut gibt Feuchtigkeit ab.

Dieses vegetative Nervensystem mit seinen zwei großen Nervenanteilen Sympatikus und Parasympatikus kann das harmo-

nische Zusammenspiel des Organismus empfindlich stören, wenn es zur Fehlsteuerung, der sogenannten vegetativen Dystonie kommt.
Die vegetativen Nerven, auch Seelennerven genannt, bewirken das Auftreten der psychosomatischen Erkrankungen, bei denen im Anfangsstadium ein Organ Beschwerden macht, und mitunter sogar stark schmerzen kann, ohne daß ein organischer Befund nachzuweisen ist.
Das vegetative Nervensystem ist der Vermittler zwischen dem Erleben und der körperlichen Reaktion.
Es reagiert sehr empfindlich auf alle unsere Gemütsbewegungen, und wenn ein Mensch häufig Stimmungsschwankungen ausgesetzt ist, trägt der Körper letztendlich als "Sündenbock" die Strafe.

Generell zeigen Erkrankungen der Nerven immer, daß Überlastungen aufgetreten sind, daß Außenreize oder Eindrücke nicht richtig verarbeitet werden.

Als Auslöser gelten alle anhaltenden Streß-Situationen, psychische Belastungen, Angst, Anspannung, Unsicherheit, aber auch übermäßige körperliche Belastungen.

Neuralgien und Neuritiden drücken aus, daß der Betroffene mit entgegengesetzten Absichten zu kämpfen hat.
Meist blockieren ihn Furcht und Angst in dem Bestreben, Dinge, die er gerne tun würde, in die Tat umzusetzen.
Und so ist er hin- und hergerissen, kann sich nicht entscheiden, und als Folge der inneren Überreizung kommt es zur akuten oder letztendlich chronischen Nervenentzündung.

Bei Nervenproblemen sind störende Einflüsse (Streß, Anspannung und Hektik) sowie belastende Situationen, die den Betroffenen "nerven", zu beseitigen.
Er sollte sich nicht weiter hin- und herreißen lassen, sondern einen klaren Weg einschlagen.

Es fehlt den (Nerven-)Kranken immer an der Fähigkeit, Eindrücke gelassener aufzunehmen und zu verarbeiten, aber auch an innerer Ruhe und an Vertrauen in die Geborgenheit der Schöpfung.

Die Nieren

Die Nieren entgiften, filtern und reinigen. Aus all den Stoffen, die über das Blut an sie herangetragen werden, filtern sie die für den Organismus zuträglichen heraus und scheiden Abbauprodukte und Gifte mit dem Urin aus.

Wie alle Organe, die paarig angelegt sind, haben auch die Nieren einen direkten Bezug zur Partnerschaft, allerdings nicht im Bereich der Sexualität, denn dann sind Hoden, Eierstöcke oder Prostata bzw. die Gebärmutter betroffen.
Die Nieren repräsentieren mehr allgemein den Bereich der zwischenmenschlichen Beziehungen.
Alle paarigen Organe (Augen, Ohren, Nase, Lungen, Eierstöcke, Hoden) haben eine direkte Beziehung zu irgendeiner Form von Kontakt.
Die Lungen stehen für den mehr unverbindlichen Kontakt- und Kommunikationsbereich, während Hoden und Eierstöcke als Geschlechtsorgane den Bereich der Sexualität darlegen.

Die Nieren dagegen entsprechen dem Bereich der engsten zwischenmenschlichen Beziehungen.

Wir kennen also drei verschiedene Formen von Kontakt, und schon im altgriechischen finden wir drei Begriffe für das Wort Liebe:

Phila = Freundschaft
Eros = sexuelle Liebe
Agaphe = geistig-seelisches Einswerden

Nierenprobleme verdeutlichen demzufolge, daß wir Schwierigkeiten mit dem Einswerden haben.
Gleich den Nieren, die fremde Stoffe erkennen und verwerten, sollte auch der Nierenkranke wieder lernen, sich im Anderen zu erkennen und die vom Partner widergespiegelten Schattenbereiche zu be- und verarbeiten.

Konzentrieren sich Partnerschaftskonflikte, drückt sich das auf der somatischen Ebene durch die Bildung von Nierengrieß oder -steinen aus.

Die Schrumpfniere zeigt ebenfalls an, daß eine anhaltende Unfähigkeit besteht, die bedrückenden partnerschaftlichen Konflikte zu lösen.
Wenn der Mensch nicht bereit war, seine Konflikte und Probleme mit dem lebendigen Partner zu lösen, tritt stellvertretend als Dauerpartner die künstliche Niere in sein Leben. Sie tut als Partner treu und zuverlässig all das, was man von ihr will.

Für jeden, der sich nach einem idealen Partner im Leben sehnt, beginnt die Arbeit zuerst einmal bei der eigenen Person.
Wer sich bemüht, ein idealer, liebevoller Partner zu sein, wird auch das ideale Gegenstück finden, bzw. eine bestehende Partnerschaft zur Erfüllung bringen.

Wenn etwas im Leben "an die Nieren geht", sollte man folgendes überdenken:
- Habe ich unbewältigte Partnerprobleme?
- Halte ich die Fehler meines Partners für dessen Probleme und versäume so, mich selbst darin zu erkennen und zu entdecken?
- Bin ich aufgeschlossen und bereit, mich den Gegebenheiten zu stellen, oder halte ich an alten Problemen fest und behindere so den natürlichen Fluß der Entwicklung?
- Wo und durch was behindere ich selbst die Lösung der Probleme mit meinen Mitmenschen?

Das Ohr

Mit dem Sinnesorgan Ohr hören und horchen wir auf das Leben.

An bekannten Redewendungen erkennen wir gleichzeitig auch eine bestimmte Geisteshaltung:

„Jemandem Gehör schenken“;
„ein offenes Ohr haben“;
„jemandem sein Ohr leihen“;
„auf jemand hören“ oder
„gehorchen“.

Wir lassen also etwas herein und können uns nicht so leicht – wie mit den Augen – davor verschließen.

Im Leben müssen wir vielen ge-horchen, zuerst den Eltern, dann den Lehrern, später den Vorgesetzten, aber auch unserem Gewissen und letztendlich der Schöpfungsordnung oder Gott.

Wer ständig Unüberhörbares überhört und nicht "horcht“, darf sich nicht wundern, wenn ihm das Hören vergeht.

Die Mutter schimpft mit einem Kind, das nicht gehorchen will: „Kannst du nicht hören?“
Besonders in der Zeit, in der Kinder Gehorsam lernen müssen, haben sie – weil sie sich dagegen wehren – gerne Ohrenentzündungen.

Die Schwerhörigen über-hören einfach, was sie nicht mehr hören wollen.
Ihnen fehlt es zumeist an Demut und Bereitschaft zu "ge-horchen“. Diese Starrheit und Unbeweglichkeit findet sich bei der Altersschwerhörigkeit.
Viele Menschen werden mit zunehmendem Alter unbeugsamer und unnachgiebiger und verlieren an Anpassungsfähigkeit und Flexibilität.

Im Innenohr sitzt unser Gleichgewichtsorgan. Es macht sich bemerkbar, wenn wir auch geistig-seelisch aus dem Gleichgewicht geraten sind.

Der Hörsturz ist eine dringende Aufforderung, endlich nach innen zu lauschen, der inneren Stimme zu folgen.
Der Erkrankte kann sich mit den Dingen, die er im Außen hört, nicht identifizieren, er will sie vielmehr nicht mehr hören.
Er verschließt sich und wird – zumindest vorübergehend – taub.

Jede Arbeit, das Außen wieder erträglich zu machen, beginnt aber im Inneren.
So wie der Einzelne sich ändert, verändert sich auch sein Umfeld.

Die Schilddrüse

Die Schilddrüse bildet Hormone, die zuständig sind für die Stoffwechselvorgänge.
Das bekannteste Hormon ist das Thyroxin.

Tritt eine Unterfunktion der Schilddrüse ein, wird der Betroffene träge und interesselos und nimmt in der Regel auch an Gewicht zu, da die Stoffwechselvorgänge verlangsamt sind.
Er wirkt aufgedunsen und schwammig.

Anders ist es bei der Überfunktion des Organs.
Der Betroffene ist ständig in Hochspannung, leicht erregbar, schwitzt sehr viel und trotz umfangreicher Nahrungsaufnahme bleibt er hager.

Der Einfluß des seelischen Geschehens auf die Drüsenfunktion ist allgemein bekannt.
Jede Streß-Situation führt zur Flucht- und Alarmbereitschaft des Körpers, und auch die Schilddrüse reagiert in entsprechenden Situationen durch Hormonausschüttung.
Daher ist es nur verständlich, daß derjenige, der langanhaltenden seelischen Belastungen ausgesetzt ist und innere Kämpfe austrägt, sein vegetatives Nervensystem überfordert und an Funktionsstörungen erkrankt.

Der Schilddrüsenkranke läuft im Inneren sozusagen auf Hochtouren, obwohl er sich nach außen kühl und sachlich zeigt. Durch übertriebenes Verantwortungsbewußtsein – gepaart mit einem starken Leistungswillen – unterdrücken die Betroffenen ihre Ängste und Unsicherheiten. Sie wirken "überdreht", verdrängen Aggressionen und feindselige Gefühle, während sie innerlich "kochen". Sie streben nach Unabhängigkeit, obwohl sie sich am liebsten bemuttern und umsorgen lassen würden und kompensieren diesen unterdrückten Wunsch in dem schon fast zwanghaften Bedürfnis, andere zu bemuttern und zu umsorgen.

Der Schilddrüsenkranke muß zur Besserung seines Leidens zur Ruhe kommen.
Seelische Belastungen sind zu erkennen und aufzulösen.
Vor allem sollte die bei allen Erkrankten stark vorhandene Lebensangst abgebaut werden.
Der Kranke tut gut daran, seine Ängste zu äußern und sein Anlehungsbedürfnis auszudrücken, anstatt immer noch mehr Verantwortung zu übernehmen und sich weiter ausnutzen zu lassen. Wichtig ist, daß er aufhört, ständig gegen Dinge anzukämpfen, die ihn in Wirklichkeit gar nicht bedrohen.
Ehrlichkeit gegenüber den Mitmenschen und insbesondere gegenüber sich selbst ist eine wesentliche Voraussetzung. Die falsche Vorstellung zu glauben, sich nicht ausreichend verteidigen zu können, sollte bereinigt werden.

Die Wirbelsäule

Die Wirbelsäule trägt den Körper, gibt ihm den notwendigen Halt.
Schon an der Haltung können wir erkennen, daß sie ein besonders symbolträchtiges Projektionsfeld für innere Konflikte ist. Sie spricht eine deutliche Organsprache, weil alle inneren Spannungen durch Tonisierung der entsprechenden Muskelgruppen im Außen sichtbar werden.
Alle seelisch-geistigen Fehlhaltungen zeigen sich an der äußeren körperlichen Haltung.

Eine Versteifung kann auf stolze "Halsstarrigkeit" hindeuten, eine Verkrümmung auf Gebeugtheit durch Kummer und Sorgen. Angst, Unterdrückung und Demütigung finden ihren Ausdruck an der Wirbelsäule.
Manchen Menschen sitzt die Angst buchstäblich im Nacken, was sich in einer geduckten Körperhaltung mit versteiftem Nacken äußert.

In den Muskeln der Brustwirbelsäule stauen sich nicht ausgelebte Wut, blockierte, nicht gelebte Gefühle und ungelöste Konflikte.

Verspannungen der Lendenmuskulatur deuten auf ein "verschlossenes Becken" hin.
Dahinter verbirgt sich oft eine unbewußte Angst oder Ablehnung gegenüber der Sexualität. Die Ursachen hierfür sind in der Regel in der Kindheit zu suchen und beruhen auf falscher oder ungenügender Aufklärung sowie Tabuisierung dieses Themas und zugehöriger Gefühle.

Kreuzschmerzen sind ein sehr vielsagendes Symptom.
Hierin spiegeln sich alle verdrängten Enttäuschungen, Aggressionen und psychischen Überlastungen.

Auch Ängste und Demütigungen schlagen sich im Kreuz nieder.

Die Bandscheiben, die zwischen den einzelnen Wirbelkörpern liegen, sind Puffer, die körperliche Belastungen auffangen. Eine Bandscheibenerkrankung macht immer eine Überbelastung deutlich. Kommt es zu einem Prolaps (Bandscheibenvorfall), wird der Schmerz durch den entstehenden Druck auf Nervenwurzeln oder Rückenmarksanteile so unerträglich, daß er zur augenblicklichen Ruhestellung zwingt.

Probleme mit den Bandscheiben zeigen, daß wir uns zuviel aufgeladen haben.
Hinter einem Zuviel an Leistung steckt fast immer ein kompensiertes Minderwertigkeitsgefühl.
Oft soll das innere Kleinheitsgefühl durch große Taten im Außen überspielt werden.
Wird das nicht bewußt erkannt, äußert sich der Überlastungsdruck im Körper und jede Bewegung ist schmerzvoll.
Der Schmerz ermahnt uns, kürzer zu treten und uns vor weiterer Anspannung und Überlastung zu schützen.
Geistig betrachtet werden wir zur Ruhe und zum Nachdenken gezwungen:

- Wo ist der Druck zu groß geworden?
- Was belastet uns zu sehr?

Bei Wirbelsäulenproblemen ist es unsinnig, *nur* die Wirbelsäule zu behandeln.
Parallel zu einer Therapie sollten in jedem Fall mit dem Betroffenen die seelischen Konflikte aufgearbeitet werden. Wird die eigentliche Ursache erkannt und beseitigt, ist auch ein Rückfall vermeidbar.

Zur Organsprache sei abschließend zu sagen, daß wir uns dieser Möglichkeit der Erkenntnis, die sie uns bietet, mit freudigem Herzen öffnen sollten.

Jede Krankheit kann reinigend und klärend wirken.

Ist es nicht schön zu wissen, einer Krankheit nicht mehr so macht- und hilflos gegenüberstehen zu müssen?

Wer sich mit seinen Beschwerden einem Arzt oder Heilpraktiker anvertraut, kann selbst tatkräftig zu seiner Heilung beitragen, indem er sich nicht weiter dem geistigen Hintergrund seiner Krankheit verschließt.

Bringen Medikamente die ersehnte Heilung?

Durch psychologische Aufklärung ist es dem Kranken möglich zu erkennen, daß die belastende Störung etwas mit ihm selbst zu tun hat. Die Erkrankung ist weder Zufall, noch ein äußerer Feind, gegen den angekämpft werden muß.

Oft ist es sehr schmerzlich für den Betroffenen zu erkennen, daß es nicht damit getan ist, daß man die Symptome durch Medikamente oder andere Maßnahmen beseitigt und unterdrückt.
Es ist nicht immer einfach, Einstellungen und Lebensgewohnheiten oder gar Lebensumstände zu verändern, und doch gilt es zu begreifen, daß wir letztendlich an uns selbst leiden.

Kurt Tepperwein, einer meiner Lehrer, drückt es so aus:
Es gibt keine unheilbaren Krankheiten, sondern nur unheilbare Menschen.

Er will damit zum Ausdruck bringen, daß Erkrankte aus Angst davor, sich mit sich selbst auseinandersetzen zu müssen, lieber jede Hilfe dieser Art ablehnen und zu Medikamenten greifen. Natürlich gibt es Situationen, in denen es unumgänglich ist, der Chemotherapie zunächst den Vortritt zu lassen. Aber sie sollte eine Krücke sein und nicht als Allheilmittel betrachtet werden.

In vielen Fällen, in denen heute wie selbstverständlich Medikamente eingesetzt werden, sind die Heilkräfte unseres Körpers durchaus in der Lage, die Heilung zu vollziehen.

Denken wir nur an den lästigen Schnupfen. Mit Behandlung durch Medikamente dauert er eine Woche und ohne sieben Tage.

Es ist ohnehin sinnvoller, das körpereigene Abwehrsystem zu stärken, und gerade dafür bietet die Naturheilkunde bedeutungsvolle Möglichkeiten.

So mancher wird sich schon Gedanken gemacht haben, warum wir eigentlich zigtausende von Medikamenten haben. Wir brauchten doch nur ein paar, wenn sie helfen würden!

Natürlich muß zugegeben werden, daß manche Pillen in der Lage sind, die vorhandenen Symptome schnell und zuverlässig zu unterdrücken. Ich denke hierbei in erster Linie an die Schmerz-Medikamente. Auf Dauer sind sie sicher keine Lösung, da sie durch die vielen Nebenwirkungen neue Krankheiten erzeugen.

In der heutigen von Hast beherrschten Zeit klammern sich viele Menschen an Medikamente wie an einen Rettungsring. Sie haben weder Lust noch Zeit, krank zu sein und unterdrücken, ohne nachzudenken, die warnenden Symptome. Irgendwann – über kurz oder lang – kommt der Zeitpunkt, ab dem sie tatsächlich nicht mehr ohne Medikamente "funktionieren". Morgens schlucken sie Stimmungsaufheller, abends Schlaftabletten, und die zwischendrin auftretenden Signale wie z.B. Kopfschmerzen und Magendrücken werden schnell und erfolgreich bekämpft.
Wer will schon hören, was der Körper ausdrückt!?

Hier kommt es zu einem verhängnisvollen Teufelskreis, und es ist manchmal schwer und nur noch mit fremder Hilfe möglich, ihn zu durchbrechen.

Hier spreche ich aus Erfahrung am eigenen Leib. Ich leide schon lange nicht mehr an der eigentlichen Krankheit, die ohnehin nur ein Symptom war, aber immer noch an Medikamentenschäden, die irreparabel sind.
Einige Mittel, die mir damals verordnet wurden, sind längst wegen unverantwortbarer Nebenwirkungen (von Knochen-

marks- und Blutschäden bis hin zu Lebertumoren) aus dem Handel gezogen worden.

Besondere Vorsicht ist ebenfalls geboten bei der Behandlung mit Psychopharmaka und anderen suchterzeugenden Medikamenten.

1981 verordneten die Ärzte 1,5 Millionen Pillen, Dragees oder Zäpfchen bei seelisch bedingten Mißempfindungen.
43,6 Millionen Rezepte über Beruhigungs- und Schlafmittel wurden an Frauen ausgehändigt und 20,4 Millionen an Männer.
Zwischenzeitlich sind es schätzungsweise über 500 000 Menschen, die süchtig und abhängig von diesen "Drogen" sind und die nach wie vor die verursachenden Probleme mit sich herumschleppen.*
Eine chemische Steuerung des Nervensystems ist nun einmal keine Therapie, die der Seele gerecht wird.

Ich kann nur sehr eindringlich empfehlen, den behandelnden Arzt zu ersuchen – außer in akuten Notfällen – doch auf nebenwirkungsfreie Medikamente zurückzugreifen.

Hier bietet die Naturheilkunde eine *echte* Alternative, die mehr bewirken kann als so manche chemische Keule.

Es sollte aber nicht der Eindruck entstehen, daß ich Medikamente oder Behandlungsmethoden verurteile.
Vielmehr möchte ich den leidenden Menschen empfehlen, sich doch auf die wirkliche Ursache zu besinnen.

Zusammenfassend ist zu sagen, daß Medikamente Symptome unterdrücken können (was sehr erleichternd sein kann), aber niemals die im seelisch-geistigen Hintergrund vorhandene Ursache beseitigen.

---

* Nachzulesen in "Bewertender Arzneimittelindex, Hypnotika u. Psychopharmaka", erschienen im medpharm-Verlag.

Mit dem Bewußtsein, daß die jedem Menschen innewohnende Heilkraft in der Lage ist, den Organismus selbst bei schwerwiegenden körperlichen Symptomen wieder zu "reparieren", wächst das Vertrauen ins eigene Selbst, das einzig echte *Selbst*-Vertrauen.

Welche nicht unwesentliche Rolle spielt das Immunsystem?

Der Einfluß der Seele auf den Körper ist für die jüngste Wissenschaft keine Hypothese mehr.

Der Arzt Dr. med. Hans Grünn schreibt in seinem Buch "Die innere Heilkraft", Econ-Verlag, daß das Immunsystem auf psychische Belastungen nachweisbar reagiert.
Den Beweis dafür liefert eine neue Forschungsrichtung, die Psycho-Neuro-Immunologie, die sich in den USA bereits rasant ausgebreitet hat. Der Erfolg dieser Fachrichtung liegt unter anderem darin, daß sie den Menschen als einheitlich Ganzes sieht und wieder zusammenführt, was in der modernen Medizin streng getrennt war.

Ist es möglich, daß die Seele eines Menschen, seine Gedanken, Gefühle und sein Verhalten einen Einfluß auf das Immunsystem haben, dessen Einsatz bekanntlich entscheidend den Verlauf jeder Krankheit bestimmt? Reagieren Immunzellen tatsächlich auf Streß und Gemütsverfassungen? Bleibt die Gesundheit eher erhalten, wenn wir eine harmonische Partnerschaft leben, die Arbeit uns erfüllt, der Beruf sogar Berufung ist und gute Freunde mit uns das Leben teilen?

Noch vor wenigen Jahren hätten Wissenschaftler und Spezialisten diese Fragen müde belächelt.
Doch von Seiten der Forschung ist nun endlich der Nachweis erbracht, daß Psyche, Gehirn, Hormon- und Immunsystem eng miteinander in Verbindung stehen. Dieser Verbund, der untrennbar zusammenarbeitet, steht über unsere Sinne in Kontakt mit der äußeren Welt und wird daher durch entsprechende Ereignisse positiv oder negativ beeinflußt, was sich in unserer Widerstandskraft niederschlägt.

Eine entscheidende Rolle spielen somit unsere private Atmosphäre wie Wohnsituation und Liebesbeziehungen, die unmittelbare Umgebung sowie die Stimmung am Arbeitsplatz.

Doch in erster Linie beeinflussen wir uns selbst durch den entsprechenden Umgang mit Gedanken und Gefühlen, durch eine pessimistische oder optimistische Lebenseinstellung. All diese Einflüsse werden vom Gehirn verarbeitet und weitergegeben. Vergleichbar mit einer großen Drüse, setzt es eine Mischung hochwirksamer Botenstoffe (Neurotransmitter, Hormone und Neuropeptide) in Gang, die sich über die Blutbahn im Körper ausbreiten und auf diesem Wege auch unser Immunsystem erreichen. Je nach Ausgangsimpuls wirken sie sich dort schwächend oder eben stärkend aus.
Wenn wir durch Streß, seelische Belastungen und Fehlhaltungen, Trauer oder andere disharmonische Gemütszustände aus dem Gleichgewicht geraten, beeinträchtigen wir nachweisbar unser Immunsystem, das bei der Entwicklung und Heilung aller Krankheiten, von der Grippe bis zum Krebs, eine entscheidende Rolle spielt.

Statistische Untersuchungsergebnisse zeigten, daß bei Krebskranken immer schon längere Zeit vorhandene Negativgefühle zu finden sind, wie etwa langanhaltender Groll, Haß, Neid, Mißgunst oder abnorme, unverarbeitete Trauergefühle.
Diese destruktiven Gefühle, die oft gebündelt bei Erkrankten auftreten, sind restlos selbstzerstörerisch.
Der Krebs entsteht, weil an einer Stelle im Organismus die Zellatmung längere Zeit gestört bleibt. Eine Zelle entartet, bildet ihr eigenes System, vermehrt sich, und es entsteht der Tumor.
Hier sollte bedacht werden, daß nicht nur unser Organismus überhaupt, sondern jede einzelne Zelle an unserer jeweiligen Stimmung teilnimmt. Die Schwingung der Zelle wird verändert, wenn wir fröhlich, aber auch, wenn wir traurig oder ängstlich sind.

Bei einem intakten Immunsystem wäre die entartete Zelle erkannt und vernichtet worden. Das geschieht tagtäglich bei gesunden Menschen.
Sind wir aber abwehrschwach, so können veränderte Zellstrukturen ungehindert weiter ihr Unwesen treiben.

Selbst die gefürchtete – oft als unheilbar deklarierte – Krankheit Krebs ist (nur) ein Symptom, hinter dem – wie bei jeder Erkrankung – eine geistige Ursache steckt.

Immer wieder hört man aus den Schilderungen von Geheilten, daß ihre Heilung als medizinisch unfaßbar galt.
Nicht selten stellt sie das Krankheitsverständnis und die Lehre der Schulmediziner völlig auf den Kopf.
Aber sie war nur für den Verstand unerklärlich, und es ist eben nicht möglich, die Wunderwerke und die Unendlichkeit der Schöpfung durch das Nadelöhr des Verstandes zu ziehen.

Grünn drückt es so aus: „Das Immunsystem ist 'glücklich', wenn wir glücklich sind, und es 'trauert', wenn wir trauern."
Im letzteren Fall werden wir zweifellos empfänglicher gegenüber Infektionen und feindlichen Erregern, die sich dann im Körper ungehindert ausbreiten können.

Die Wissenschaft hat also klar erkannt und bewiesen, daß die Seele die innere Heilkraft beeinflussen kann, im positiven wie im negativen Sinne.
Im Zusammenhang mit dem Immunsystem kristallisiert sich die Tatsache heraus, daß die Psyche des Menschen über Wohl und Wehe entscheidet.

Das, was ich glaube,
wird für mich zur Wahrheit.
Die Überzeugung,
die ich von mir habe,
wird mein Leben bestimmen.
Alles in der Welt
hat die Macht über mich,
die ich ihm gebe.

Die Bereitschaft, die eigentliche Ursache zu erkennen, ist notwendig

Krankheiten sind körperliche Reaktionen ungelöster Probleme. Gleichzeitig ermahnen sie uns, tiefere Einsichten in die eigene Lebenssituation zu gewinnen.

Wir sollten bereit sein, die Warnsignale auch anzunehmen. Schließlich ist jedes ungelöste Problem eine Chance, durch die wir uns weiterentwickeln können, und die daraus gewonnene Erkenntnis gibt uns die Möglichkeit, die durch Fehlverhalten verlorengegangene Körper-Seele-Harmonie wiederherzustellen.

Viele Menschen behandeln ihren Körper wie eine Maschine, die einen Defekt hat. Indem sie sich nicht mit ihm identifizieren, betrügen sie ihn.
Sie versäumen es, sich die Frage zu stellen, wie die Seele auf ihn einwirken könnte, und erkennen die Krankheit demzufolge nicht als Störung des Gesamtgleichgewichts.
Wenn die Ursache erkannt werden soll, ist ein Hinschauen unumgänglich. Und zwar ist ein *ehrliches* Hinschauen erforderlich, denn Krankheit macht ehrlich.
Das kann sehr unangenehm sein, mitunter sehr schmerzlich. Hier darf nicht zurückgeschreckt werden, wenn eine Änderung in Richtung Heilung erfolgen soll.

Erkenntnis *allein* genügt aber nicht, sondern das Umsetzen der gewonnenen Einsichten und Erkenntnisse in die Tat ist das Unumgängliche, damit sich der gewünschte Erfolg verwirklichen kann.

Ein Weiser sagte:

Wer etwas weiß,
der kann noch nichts.
Doch auch wer etwas kann,
ändert noch nichts.
Erst das TUN
verändert die Welt.

Ist Krankheit eine Chance?

Ein Kundiger der Sprache der Organe, der bereit ist, sie zu akzeptieren, kommt nicht umhin, zu erkennen, daß alles, was ihn berührt und betrifft, auch direkt mit ihm zu tun hat. Es ist eine Botschaft, die der Betreffende selbst notwendig gemacht hat, um dadurch eine innere Not zu wenden.
Daß bei bestimmten Krankheiten auch bestimmte Viren und Bakterien nachzuweisen sind, wird hier nicht bestritten, aber daß wir heute glauben, diese kleinen Mikroben seien die Ursache der Erkrankung, darüber werden spätere Generationen bestimmt genauso herzhaft lachen wie wir heute über andere wissenschaftliche Erkenntnisse, die sich längst als grob falsch herausgestellt haben.

Jede Bakterie, jeder Virus ist ein Bote, und das Leben findet einen Weg, uns solange mit einer "Lektion" zu konfrontieren, bis wir erkannt und geändert haben.
Sobald die Ursache, also die geistige Fehlhaltung, beseitigt ist, verschwindet das Symptom, weil wir es nicht mehr brauchen.

Bin ich allerdings nicht bereit zu lernen und sterbe mit einer geistigen Fehlhaltung, so bringe ich diese als "Erbgut" mit in mein nächstes Leben.
Nur so ist auch erklärbar, daß Menschen mit einer angeborenen Krankheit zur Welt kommen.
Natürlich findet man auch dafür im medizinisch-wissenschaftlichen Sinne in der Regel eine plausible Erklärung.
Dabei handelt es sich eher um den *Auslöser,* den das Leben gesucht hat, um dem Individuum zur seelisch-geistigen Weiterentwicklung zu verhelfen.
Es handelt sich um eine Lektion, die der Betreffende verursacht hat und braucht.

Unser Ego sehnt sich unaufhörlich nach Bequemlichkeit, unsere Seele aber drängt nach Fortschritt, denn das ist unser Seinsauftrag.

Erkennen wir also, daß körperliche Beschwerden niemals die *Ursache* sind, sondern daß sich hierin eine *Wirkung* zeigt.

Warum erkranken Kinder?
Warum kommen Kinder schon krank oder behindert zur Welt? Auch das bleibt unerklärbar, wenn wir nicht bereit sind, zu akzeptieren, daß wir unsterbliches, ewiges Bewußtsein sind, und Aufgaben in einem vorherigen Leben nicht gelöst haben, die wir jetzt als Energien mitbringen.

Die Reinkarnations- oder Wiedergeburtslehre ist übrigens Bestandteil des christlichen Glaubens. Erst seit dem zweiten Konzil von Konstantinopel im Jahre 553 wurde sie von der Kirche abgelehnt.

Von Sokrates bis zu den Klassikern wie Goethe ist die Auseinandersetzung mit diesem Thema nie verstummt.

Jesus predigte die christliche Heils- und Wiedergeburtslehre, und es gibt eine Anzahl höchst wichtiger Stellen im Neuen Testament, die das verdeutlichen.
Das fortwährende Leben, die bewußte Einheit mit dem Selbst, wird seinen Jüngern von Jesus versprochen.

Ich will hier nur zwei Beispiele* aus dem NT herausgreifen:

Auf die Frage der Schriftgelehrten, warum Elias zuerst kommen müsse, antwortete Jesus:
„Ja, Elija kommt, und er wird alles wiederherstellen. Ich sage euch aber: Elija ist schon gekommen, doch sie haben ihn nicht erkannt, sondern mit ihm gemacht, was sie wollen.
Ebenso wird auch der Menschensohn durch sie leiden müssen. Da verstanden die Jünger, daß er von Johannes dem Täufer sprach."
(Siehe auch Mk 8, 27; Lk 9,18)

„Im Hause meines Vaters gibt es viele Bleiben.
Wenn es nicht so wäre, hätte ich euch dann gesagt: Ich gehe, um einen Platz für euch vorzubereiten. Wenn ich gegangen bin und einen Platz für euch vorbereitet habe, komme ich wieder und werde euch zu mir holen, damit ihr dort seid, wo ich bin."
(Johannes 14, 2–3)

---

* Die alten Urtexte können nachgelesen werden in dem Buch "Reinkarnation im Neuen Testament" von James Morgan Pryse, Verlag ANSATA.

Indem ein Kranker alles, was mit seiner Krankheit zusammenhängt, anderen und nicht zuletzt höheren Instanzen in die Schuhe zu schieben versucht, gibt er seinen Einfluß auf das Geschehen aus den Händen.

Viele Menschen sagen: „Der Herr hat's gegeben, der Herr hat's genommen".

Sie machen Gott für ihre Krankheit verantwortlich und sehen die Krankheit oft als Strafe. Aber Gott hat mit unseren Krankheiten nichts zu tun.
Wenn wir ihn verantwortlich machen, unterstellen wir ihm menschliche Eigenschaften, und das ist in meinen Augen Gotteslästerung. Das Bild des personifizierten Gottes, der belohnt oder straft und den wir anbetteln können, hat viel Unheil angerichtet.

Aber wie wir auch sonst nicht bereit sind, Verantwortung zu übernehmen, brauchen wir dann auch auf der Ebene der Krankheit wieder jemand, der die Verantwortung trägt.
Schafft es der Arzt nicht mehr, übergeben wir sie Gott.

Die göttliche Energie, Heilkraft und Liebe können uns heilen – aber nicht krankmachen!

Eine Erkrankung kann – mehr oder weniger ignoriert – als äußeres Ereignis betrachtet werden, welches mit dem Betroffenen nicht mehr zu tun hat, als daß es ihm genommen werden muß.
Sie kann aber auch ein äußerst wichtiges Ereignis, ein bedeutsamer Zeitabschnitt im Leben eines Menschen sein für den, der bereit ist, aus ihr zu lernen.

Erfahrungen wie Schmerz und Leid können einen Reifeprozeß in Gang setzen und zu einer Neuorientierung im Leben führen. Es ist sicher sinnvoller, den Schmerz und das Leid einmal am "eigenen Leibe" zu erspüren und sich damit auseinanderzusetzen, als zu resignieren oder daran zu zerbrechen.

Ein "normaler Alltagstrott" ohne besondere Belastungen mag dem einen oder anderen wünschenswerter erscheinen, und dieser Wunsch kommt zweifellos aus dem Ego. Die Seele aber drängt nach Fortschritt.

Es kommt entscheidend auf unseren Standpunkt an, ob wir eine Erkrankung als Schicksalsschlag oder als seelischen Reifeprozeß betrachten.
Krankheit kann für den Erkrankten durchaus Gewinn bedeuten. Sie kann der erforderliche Anstoß sein, sich dem eigenen Inneren zuzuwenden, um einen längst überfälligen Entwicklungsprozeß in Gang zu setzen.

Und eingeschlossen in diesem Prozeß liegt die Chance, ein ganzheitliches "Heilwerden" zu erfahren.

Krankheit, Schmerz und Leid können tiefe Verzweiflung auslösen. Für den, der sich bemüht, die Wirklichkeit hinter dem Schein zu erkennen, können diese Zustände aber auch ein Loslassen von falschen Lebensweisen bedeuten.

Wer bereit ist, sich dieser Möglichkeit zu öffnen und den Leidzustand erst einmal zu bejahen, hat damit die große Chance zu einer neuen Sinngebung seines Lebens.

Die Änderung im Bewußtsein ist der erste Schritt zur Heilung

Da körperliche Erkrankungen nur "Reflexe" von Störungen im geistig-seelischen Bereich sind, kann es nicht genügen, einfach die körperlichen Symptome alleine zu betrachten und zu behandeln.

Die heutige Schulmedizin hat die Möglichkeit, einen großen Teil der Symptome durch Medikamente, Operationen und technische Hilfen abzustellen, aber nach diesen "erfolgreichen" Therapien zeigen sich meist neue, oft noch gravierendere Störungen.

Die Seele läßt sich nicht betrügen!

Wir kennen alle Menschen, die klagen: „Ich tue doch schon so viel, was soll ich denn noch tun, um gesund zu werden?" Die Antwort ist einfach:

Das Richtige!

Die meisten Menschen tun alles im Äußeren und dort noch zuviel davon. Eine höhere Dosierung von einem Medikament kann kein Fehlverhalten beseitigen. Sie kämpfen gegen die Krankheiten an und bekämpfen sie, anstatt auf ihre Sprache zu hören bzw. das Bewußtsein zu erheben auf die Ebenen der Lösungen. Das Problem ist solange nicht zu ändern, solange es an absoluter Ehrlichkeit fehlt, den Tatsachen ins Auge zu schauen. Es kann sehr schmerzhaft und bitter für das Ego sein, die wirkliche Aussage eines Symptoms durch entsprechende Deutung zu erfahren.
Aber auch ein Lebensberater, Psychologe oder Psychotherapeut kann nicht helfen, wenn das Individuum nicht grundsätzlich bereit ist, den Weg der Ehrlichkeit und Eigenverantwortung einzuschlagen.

Wir sollten auch lernen, Dinge loszulassen, die nicht mehr zu uns gehören.
Das kann genauso gut ein falscher Beruf, eine schlechte Arbeitsstelle oder unser längst erwachsen und selbständig gewordenes Kind sein, ebenso wie eine falsche Erwartungshaltung bzw. Einstellung oder schlechte Gedanken, die Negativgefühle erzeugen.
Es kann erst dann zu einer konstruktiven Änderung kommen, wenn wir Platz gemacht haben für neue Dinge, die unser Leben bereichern können.
Auch ein Gefäß muß ich erst leeren, bevor ich es mit etwas Neuem füllen kann.

Jeder Gedanke, jede Änderung unserer Bewußtseinsinhalte überträgt sich in Sekundenbruchteilen auf unseren Körper. Er ist das Spiegelbild unseres Bewußtseins, dessen Zustand und Inhalt *wir* bestimmen.
Es sollte unser Bestreben sein, den Körper solange wie möglich gesund zu halten, denn er ist unser Begleiter und Freund in der Schule des Lebens, die dazu dient, daß wir unsere geistige Geburt vollenden können.

Die Änderung im Bewußtsein ist der einzige und richtige Weg zu einer ganzheitlichen Heilung, die Körper, Seele und Geist umfaßt. Nur der Einzelne hat die Macht und die Möglichkeit, seine Bewußtseinsinhalte zu klären und dadurch sein Bewußtsein in Harmonie zu bringen und zu erhalten.

Krankheit sollte niemals bekämpft, sondern transmutiert = (um-)gewandelt werden. Heilung erwächst grundsätzlich aus einer transmutierten Krankheit und niemals aus einem besiegten Symptom.

Jede Entfaltung beinhaltet Heilung, und jede Behinderung der notwendigen Entwicklung führt zur Erkrankung.

Der Geist,
der die Krankheit schuf,
ist derselbe Geist,
der sie heilen kann.

2. Teil

Die heilende Harmonie im Bewußtsein

Methoden und Wege, die der Entspannung, Erkennung und Auflösung geistiger Fehlhaltungen dienen

---

Einer der ersten Schritte, bewußter zu werden, zu Selbstbewußtsein zu gelangen, führt über die Ruhe und Entspannung. Nur durch Ausschaltung des lärmenden Äußeren werden wir uns unseres wahren Selbst bewußt, worunter Selbstbewußtsein im eigentlichen Sinne zu verstehen ist.

Wahres Selbstbewußtsein und wahre Selbstverwirklichung sind nur zu erlangen, wenn wir aus der Illusion und dem "Traum" erwachen und uns "erinnern", daß unser *wahres Wesen* Geist/ Seele ist.

Entspannung heilt Körper und Geist, weil sie die inneren Möglichkeiten zum Leben erwachen läßt, das innere Potential entfaltet.
Aus dem tiefsten Inneren heraus entwickeln sich die Gefühle, welche die Alltagsempfindungen bei weitem übersteigen. In der Entspannung erlauben wir auch die den Gefühlen innewohnenden Energien, sich frei zu entfalten. Lassen wir die Empfindungen, die in uns aufsteigen ungehindert zu, erkennen wir mehr und mehr die tiefe Bedeutung dessen, was in unserem Inneren schlummert!

Eine sehr gute Methode, die der körperlichen Entspannung, dem Streßabbau und der Harmonisierung des durch seelische Belastungen aus dem Gleichgewicht geratenen vegetativen Nervensystems dient, ist das

Autogene Training.

Das Wort kommt aus dem griechischen und bedeutet aus dem "Selbst" (griechisch = autos) entstehendes "Üben" (= genos). Da der Mensch nicht aus zwei getrennten Teilen, einem irdischen Leib und einer überirdischen Seele besteht, sondern ein einheitliches lebendiges Wesen, nämlich ein beseelter Organismus ist, wird begreiflich, daß durch geistige Schulung jeder Art das gesamte Verhalten des Organismus zu beeinflussen ist. Das Autogene Training ist eine konzentrative Selbstentspannung, die auf sechs Grundübungen basiert.

Es wurde Anfang des Jahrhunderts von dem Berliner Nervenarzt Prof. Dr. Dr. h.c. Schultz entwickelt. Er hat die Methode, wie sie heute noch gelehrt wird, aus der Hypnose, aus dem Teilschlaf heraus entwickelt. Damals noch als Scharlatanerie abgetan, gilt die Hypnose heute als Heilmittel für viele Krankheiten. Er selbst bezeichnete das Autogene Training als "legitime Tochter der Hypnose".

Prof. Schultz merkte als Hypnosetherapeut, daß die Patienten in der Entspannung schwere Glieder hatten. Jeder weiß, daß der Bewußtlose eine bleierne Gliederschwere aufweist und dabei total entspannt ist.
Prof. Schultz kam nach zahlreichen Experimenten zu der Erkenntnis, daß die Imagination (Vorstellung) „Meine Glieder sind bleiern schwer" zum gleichen Ergebnis führt und sich somit realisieren kann. Ihm gelang es durch Suggestionen (Beeinflussung durch Wort, Gefühl, Eindruck), in der Hypnose bei Patienten Gefühle und Empfindungen auszulösen, die in der Realität nicht vorhanden waren.
Auf die Suggestion „Sie stehen in der heißen Sonne" zum Beispiel trat Schweißbildung ein und es rötete sich das Gesicht. Durch diese und ähnliche Geschehnisse bewies Prof. Schultz die Kraft der Suggestion.

Die Hypnosen leichten Grades, wozu auch das Autogene Trai-

ning gehört, bewirken einen als behaglich empfundenen Ruhezustand. Gefühle und Phantasien können dann besonders wach sein, während die Außenwelt zunehmend in den Hintergrund tritt und zuletzt nicht mehr wahrgenommen wird. Dem folgt eine Ausschaltung des sonst kritischen Verhaltens, was die Aufnahme und Durchsetzung der Suggestionsinhalte begünstigt.
Der Trainierende fühlt in ruhiger Hypnose ohne zusätzliche gezielte Beeinflussung bereits eine deutliche Veränderung des Leibes in Form von Schwere und Wärme. Das Schweregefühl entsteht, wenn die Muskeln loslassen, die sonst durch Anspannung den Körper halten. Wärmegefühl tritt ein, wenn die Blutgefäße sich öffnen und vermehrt Blut ins Gewebe fließen lassen.

Das Wesentliche beim Autogenen Training ist eine aus dem Inneren herauskommende Umschaltung des Organismus, die es erlaubt, Gesundes zu stärken und Ungesundes gar nicht mehr aufkommen zu lassen.
Die wissenschaftlich anerkannte Methode "Autogenes Training" ist eine Form der Selbsthypnose, die mit der Kraft der Vorstellung auf den Körper übertragen wird.

Ziel ist es, in dieser "Selbstversenkungsmethode" die Kräfte der Innenwelt fruchtbar zu machen und so wieder ein harmonisches Zusammenspiel der durch seelische Belastungen aus dem Gleichgewicht geratenen Körperfunktionen herbeizuführen. Ob es vegetative Störungen, schlichte Nervosität, Verhaltensstörungen oder die einfache Verstopfung sind, die uns quälen, hier hilft diese Methode in jedem Fall besser als eine medikamentöse Symptombehandlung. Durch die Anwendung der Selbsthypnose können Schmerzzustände und andere körperliche Mißempfindungen günstig beeinflußt und somit Medikamente eingespart werden.
Das Autogene Training ist jedem zu empfehlen von 8 bis 80, und man könnte es mit einer inneren Gymnastik vergleichen,

die eine Lebensertüchtigung und Steigerung des Lebensgefühls zur Folge hat.
Obwohl der Markt mit Anleitungsbüchern über das AT überschwemmt ist, empfehle ich die systematische Schulung in einem Kurs. Hier ist gewährleistet, daß sich einschleichende Übungsfehler erkannt und beseitigt werden.

Eine weitere empfehlenswerte Methode zur Entspannung und Bewußtseinserweiterung ist die

Meditation.

Vieles verbirgt sich heute hinter dem Begriff Meditation und oft zu Unrecht.
Auch ich selbst arbeite mit Entspannungs-, Gesundheits- und Heilmeditationen, bei denen ein besonders zugeschnittener Text dem Betreffenden hilft, sich zu entspannen und auf eine andere Bewußtseinsebene zu gelangen.
Meditation im eigentlichen Sinne ist aber keine Kopfarbeit, sondern Wachsamkeit nach innen.

Hierzu gehört das *Loslassen* aller Gedanken und Gefühle in vollkommener körperlicher und geistiger Entspannung.
In der Meditation machen wir uns unseren göttlichen Kern bewußt und verbinden uns mit unserem wahren Wesen. In diesem "Klang der Stille" wird uns ohne unsere Mitwirkung, ohne unser Zutun bewußt, was wirklich und immer gegenwärtig ist.
Das *Göttliche* durchdringt uns, und wir erfahren die Schwingungen der Seele. Das sind Ruhe, Frieden, Harmonie und die allumfassende bedingungslose Liebe.
Wir fühlen uns zunehmend durchpulst von diesen positiven Gefühlen, und wer nach der Meditation harmonischer und liebevoller ist, hat "richtig" meditiert.
Nur aus der Quelle allen Lebens kann uns über die Seele, aus der Tiefe unseres Seins, eine Glückseligkeit durchdringen.

Wir spüren diese Schwingungen bis in jede einzelne Zelle und dadurch, nach jeder gelungenen Meditation, einen sofortigen Gewinn.
Zusammengefaßt ist zu sagen:
Durch Loslassen von Allem und Jedem geben wir der *höheren Intelligenz* Gelegenheit, in uns und durch uns zu wirken.

Das Loslassen ist beim Meditieren die oberste Bedingung. Wir sollten nicht *verkrampft wollen,* sondern *entspannt loslassen,* geschehen lassen, was geschieht.
Während jeder Meditation öffnen wir uns der kosmischen Energie und fühlen uns hinterher kraftvoll und energiegeladen. Wir werden zunehmend offener und freier dem Leben gegenüber und erkennen die Notwendigkeit, jeden Augenblick bewußt zu erfüllen. Allein die Gegenwart verdient unsere volle Aufmerksamkeit. Vergangenheit und Zukunft genießen bei den meisten unserer Mitmenschen leider eine viel zu große und unverdiente Aufmerksamkeit.
Geradezu tragisch ist es, wenn Menschen eine schmerz- und leidvolle Vergangenheit nicht loslassen können und sie tagtäglich in Gedanken wiederbeleben oder wenn sie sich in Sorgen um die Zukunft verzehren.
Der *wirklich Lebende* befindet sich im Augenblick, im *Hier* und *Jetzt.* Er durchlebt und erfüllt ganz bewußt den gegenwärtigen Augenblick.
Was gestern war oder sogar vor einer Stunde, ist für immer vorbei und kann nicht mehr verändert werden. Was morgen oder in einer Stunde ist, sollte in diesem Moment nicht wichtig sein.
Wer mit seinem Geist bewußt in der Gegenwart ist, ist im wirklichen Sinne des Wortes *geistesgegenwärtig.*

Immer ist die
wichtigste Stunde
die gegenwärtige.

Immer ist der
wichtigste Mensch der,
der Dir gerade gegenübersteht.

Immer ist die
wichtigste Tat
die Liebe.
(Meister Eckhart)

Warum ist Meditation wichtig?

Nach einem langen und hektischen Tag tut es Körper und Geist gut abzuschalten.
So lösen wir Spannungen, die sich während eines arbeitsreichen Tages im Körper gestaut haben. Durch die tiefe Entspannung löst sich der Geist vom Alltagsgeschehen. Alle Muskeln lockern sich, es wird neue Kraft geschöpft.
Der Meditierende entfernt sich während der Übung mehr und mehr von der materiellen Welt und erfährt sich als unabhängiges geistiges Wesen, welches Herr ist über sein Denken und Tun. Eine Harmonisierung tritt ein, und bei regelmäßiger Anwendung kristallisiert sich eine ausgeglichene Persönlichkeit heraus. Während der Meditation spürt der Mensch, daß er als Wesen in dieser Welt bestimmte Aufgaben, seinen bestimmten Platz hat und Teil einer Ordnung ist, die wir Kosmos nennen. Er fühlt sich als Teil der gesamten Schöpfung und somit verbunden mit allen Wesen und Dingen.
Der Meditierende erkennt ebenfalls, daß alles, was geschieht, seinen Sinn hat, und daß man aus jeder Situation etwas lernen, einen persönlichen Nutzen ziehen kann.
Das Grundvertrauen stärkt sich und äußert sich in einem tiefen Geborgenheitsgefühl.

Aufmerksamkeit und Gefühlsleben müssen allerdings geschult werden, damit die feinen inneren Reize registriert und wahrgenommen werden können.
Die tiefste Wahrheit schlummert im Menschen selbst. Der technische Fortschritt unseres Zeitalters brachte uns zu den entferntesten Planeten, aber nicht zu uns selbst. Im Gegenteil, die explosionsartige Entwicklung hat uns den wirklichen Sinn des Lebens vergessen lassen. Die Fragen:

- Wer bin ich wirklich?
- Woher komme ich, wohin gehe ich? oder
- Weshalb bin ich eigentlich hier?

sind durch die materiellen Errungenschaften immer mehr in den Hintergrund gedrängt worden.

Im Tempel von Delphi stand:
Erkenne dich selbst, dann erkennst du Gott.

Wer sich selbst erkennt, erkennt die ganze Schöpfung. Und in diesem Erkennen liegt die Wirklichkeit allen Seins.
Ein Mensch, der im Glauben und Vertrauen in diesem Sinne meditiert, wächst in dem Bewußtsein, daß alles seinen tieferen Sinn hat, der letztendlich in Gott verborgen ist. Er vertraut auf die innere Wahrheit und die Richtigkeit der eigenen Intuition und schöpft Sicherheit und Kraft aus jeder gelungenen Meditation.

Eine ruhige, wohltuende Atmosphäre erleichtert den Einstieg in die Meditation. Das Betrachten einer brennenden Kerze in einem leicht abgedunkelten Raum ist empfehlenswert, da es beruhigend und harmonisierend wirkt.
Es ist ungünstig, direkt nach dem Essen mit vollem Magen zu meditieren. Ebenso kann ein ausgeprägtes Hungergefühl sich störend auswirken. Eine kleine Mahlzeit eine halbe bis eine Stunde vor der Meditation ist angebracht.
Während der Meditation ist jede Störung von außen unbedingt zu vermeiden. Geht die Meditation in den Schlafzu-

stand über, ist der eigentliche Zweck verfehlt; denn schlafen ist nicht meditieren.
Obwohl gegen die Durchführung der weiter unten beschriebenen Meditation keine Kontraindikationen bestehen, empfehle ich Menschen, die bewußtseinsverändernde Drogen einnehmen oder an einer Geisteskrankheit leiden, von der Meditation Abstand zu nehmen. Personen mit Herzschrittmacher oder schweren Herz- und Kreislauferkrankungen sollten nur unter Aufsicht und nach ärztlicher Befürwortung meditieren. Jeder, der Bedenken und Befürchtungen hat, tut gut daran, sich einer/einem Meditationslehrerin/-lehrer anzuvertrauen.

Meditation zur Erweiterung und Klärung des Bewußtseins

Setzen oder legen Sie sich ganz bequem hin und achten Sie darauf, daß Ihre Wirbelsäule vollkommen gerade ist.
Erlauben Sie Ihrem Körper während der folgenden Übung vollkommen bewegungslos zu sein. Das einzige, was Sie jetzt noch bewegt, ist Ihr Atem. Atmen Sie fünf- bis zehnmal ganz tief ein und aus. Stellen Sie sich dabei vor, daß Sie Entspannung einatmen und Spannung und alles Negative und Belastende mit dem Atem aus sich herausfließen lassen.
Schließen Sie jetzt Ihre Augen und richten Sie Ihre ganze Aufmerksamkeit nach innen. Verändern Sie nichts, beobachten Sie einfach. Spüren und empfinden Sie, wie Ihr Atem ruhig und gleichmäßig (am besten durch die Nase) ein- und ausströmt. Während Sie den Atem beobachten und seine angenehme Kühle in der Nase spüren, lassen Sie ihn von Atemzug zu Atemzug tiefer werden, bevor Sie Ihre Aufmerksamkeit auch vom Atemgeschehen abwenden und sich bewußt machen, daß Sie *geatmet werden*. Es ist das Leben selbst, das Sie atmen läßt.
Fühlen Sie, wie Sie ruhiger und ruhiger werden.

Wenn sich Ihnen Gedanken über unerledigte Dinge aufdrängen, schenken Sie ihnen keine Aufmerksamkeit und konzentrieren sich wieder auf Ihre Übung. Man kann einem Gedanken nachgehen, ihm folgen, ihn aber genausogut einfach weiterziehen lassen, wodurch er seinen störenden Einfluß verliert. Schenken Sie selbst Gedanken, die Ihnen als ungeheuer wichtig erscheinen, keine Beachtung. Nehmen Sie alles, was das Alltagsleben betrifft, erst nach der Übung wieder in Ihr Bewußtsein.

Während Sie sich immer mehr vom Äußeren lösen und immer ruhiger und ruhiger werden, machen Sie sich bewußt, daß Sie zwar einen Körper *haben,* aber nicht der Körper *sind.* Sie sind *unsterbliches, ewiges Bewußtsein.* Da ist kein Anfang und kein Ende. Sie waren immer und werden immer sein. Ihr *wahres Wesen* ist so feinstofflich, daß Waffen es nicht verletzen können, Wasser es nicht ertränken und Feuer es nicht verbrennen kann. Die Dinge der äußeren Welt können sterben, so auch Ihr Körper. Sie aber sind ein spirituelles Wesen, welches nie aufhört zu existieren.

In diesem Bewußtsein öffnen Sie sich der göttlichen Liebe, die Ihr ganzes Sein durchdringt und erfüllt. Die höchste Kraft des Universums durchströmt Sie, und je mehr Liebe Sie fließen lassen und nach außen abgeben, desto mehr Liebe strömt in Sie ein. Öffnen Sie sich dieser Liebe als Kanal, und lassen Sie Ihr Herz weit werden.

Und während Sie diese Gedanken und Vorstellungen in Ihrem Bewußtsein halten, sinken Sie tiefer und tiefer in die Mitte Ihres *wahren Wesens.* Sie fühlen sich zunehmend wohler und machen sich immer wieder bewußt, daß Sie *nicht* der Körper sind, sondern ein unsterblicher Teil des Ganzen.

In dieser Einstellung wird es Ihnen gelingen, alle Negativempfindungen des Körpers wie Verspannungen, Mißempfindungen und Schmerzen hinter sich zu lassen. Sie spüren förmlich den regenerativen Charakter der Meditation.

Bleiben Sie ruhig und bewegungslos 15–20 Minuten in dieser Bewußtseinshaltung und kehren Sie dann zurück an die Oberfläche. Öffnen Sie Ihre Augen, atmen Sie mehrmals *ganz tief* ein und aus, recken und strecken Sie sich und erheben Sie sich anschließend ganz langsam.

Bei der oben beschriebenen Übung erfolgt eine gezielte Loslösung von Problemen, Emotionen und Gefühlstauungen. Während jeder Meditation verlieren sie beträchtlich an Macht. In Erscheinung tritt unsere ganze Einzigartigkeit.

Geführte Entspannungs-, Heil- und Gesundheitsmeditationen sind natürlich ebenfalls empfehlenswert und unter Anleitung schnell und erfolgversprechend zu erlernen.

Die Macht der Liebe,
die Kraft der Vergebung
und die Gelöstheit der Freude
sind Energien,
die jedes Problem lösen.
In ihren Schwingungen ruht
die Heilkraft des Herzens.

Gedanken, Gefühle und ihre Macht

– Positives, schöpferisches Denken –
– Wie erreiche ich emotionale Stabilität? –

Die geistige Haltung ist nichts anderes als die Summe unserer Gedanken. Unsere Gedanken bestimmen weitgehend unser Leben, unser Schicksal. Wo der Gedanke ist, da ist der Denkende selbst.

Wir sind was wir denken.
Alles was wir sind,
entsteht mit unseren Gedanken.
Mit unseren Gedanken
verändern wir die Welt.
(Buddha)

Das Denken kann als grundlegende schöpferische Fähigkeit des Menschen gesehen werden. Ein Gedanke, eine Idee geht jeglichem Handeln voraus.
Schon in der Schöpfungsgeschichte heißt es:
Am Anfang war das Wort..., (der Logos), das heißt auch der Gedanke.

Gedanken haben eine ungeheure Macht. Sie sind Schwingung, geistige Energie. Wie immer sich ein Problem uns darstellt, was uns widerfährt, sind äußere Ergebnisse schöpferischer Gedankenmuster. Wir selbst sind der einzige Denker in unserem kleinen Universum. Gelingt es uns nicht, unsere Gedanken zu beherrschen, werden wir von ihnen beherrscht. Wir sollten uns nicht über die daraus erwachsenden unkontrollierten Wirkungen wundern.
Jeder Gedanke ist mit einem Samenkorn zu vergleichen, das wächst und gedeiht, wenn es erst einmal "gesät", auf frucht-

baren Boden gefallen ist. Nur im Moment der "Saat" können wir frei wählen und bestimmen.
Die Kräfte der negativen Gedanken und Gefühle beeinflussen unsere Lebensumstände im destruktiven Sinne, während positives Denken und Fühlen auch positive Erfahrungen nach sich ziehen.

Da ein sich ständig wiederholender, mit Gefühl belegter Gedanke zur Verwirklichung drängt, sollte ich – wenn mein Leben positiv sein soll – nur noch das denken, was ich wirklich erleben möchte.
Es ist notwendig, daß ich meine Gedanken beobachte und kontrolliere.

Gedanken wie: „Das schaffe ich nie";
„Ich fühle mich der Sache nicht gewachsen";
„Ich bin der geborene Pechvogel";
„Ich werde nie wieder gesund"
sollten ersetzt werden durch:
„Ich schaffe es";
„Ich meistere meine Aufgaben";
„Ich schaue auf die guten Ereignisse und Möglichkeiten in meinem Leben und ziehe sie an";
„Es geht mir von Tag zu Tag besser und besser, bis ich vollkommen gesund bin".

Begleiten Sie Ihre konstruktiven Gedanken mit der Vorstellung, das Gewünschte und Ersehnte schon erreicht zu haben und mit dem Gefühl der Dankbarkeit und Freude darüber.
Die positiven Emotionen überzeugen Ihr Unterbewußtsein.
Es ist zu vergleichen mit einem "Erdreich", das jeden Gedanken ("Samen"), ob positiv oder negativ, in sich aufnimmt.
Das Unterbewußtsein besteht nach parapsychologischen Erkenntnissen aus dem Reptilienkomplex, in dem alle Lebenserfahrungen von Millionen Jahren gespeichert sind, aus der persönlichen Erbinformation, weiterhin aus sensorischen In-

formationen des stofflichen Körpers und den Umweltinformationen des Ätherkörpers.
Bisherige Erlebnisse und Erfahrungen in Ihrem Leben waren die Reaktion Ihres Unterbewußtseins auf Gedanken und Gefühle, an deren Richtigkeit *Sie* glaubten.
Ihr Unterbewußtsein ist nicht intelligent, und es ist auch nicht in der Lage, einen logischen Denkprozeß zu vollziehen. Es kann weder vergleichen, noch abwägen oder auswählen. Das ist die Aufgabe des bewußten, also objektiven Geistes. Das Unterbewußtsein nimmt auf, speichert, und obwohl es eine ungeheure Macht hat, ist es abhängig vom Bewußtsein und kann so ganz gezielt programmiert werden. Es nimmt alles als "bare Münze" an, was das Bewußtsein als Tatsache hinstellt. Das Unterbewußtsein ist mit einem Computer zu vergleichen, das heißt, sein Inhalt ist exakt das, was wir mit unserem bewußten Geist eingegeben haben. Daraus folgt, daß das Unterbewußtsein stark beeinflußbar ist. Hat es einmal eine Suggestion als vorgegebene Tatsache hingenommen, so drängt deren Inhalt über das Unterbewußtsein zur Verwirklichung.
Alle vom Bewußtsein als wahr angenommenen Gedanken, Gefühle, Vorstellungen und Beeinflussungen prägen sich im Unterbewußtsein als persönliche Glaubensüberzeugungen ein.
Die Sprache des Unterbewußtseins ist eine bildhafte Sprache. Es reagiert auf die bildhafte Vorstellung, die unsere Gedanken und Gefühle begleitet. Im ältesten Gehirnteil des Menschen, im Stammhirn, ist die Fähigkeit zum "Bildern" seit Millionen von Jahren angelegt. In diesem Gehirnteil entstand unser Gedächtnis, das sich eher auf Bilder als auf abstrakte Gedanken stützt. Während kleine Kinder noch in Bildern denken, ist dem Erwachsenen diese Fähigkeit nach und nach verlorengegangen. Es mag Ihnen zunächst schwierig vorkommen, in Bildern zu denken, aber je mehr Sie sich ein Bild machen können, von dem, was Sie sich wünschen, um so leichter überzeugen Sie Ihr Unterbewußtsein.

Die Energie, die eingesetzt wird, ist immer die gleiche, ihre positive oder negative Auswirkung gestaltet allerdings der Denkende.

Positives Denken bedeutet also, im Wissen um die Macht der Gedanken in jeder Lebenssituation die eigenen Gedanken und Gefühle immer auf das gewünschte Ergebnis zu konzentrieren. Mit dem folgenden Beispiel möchte ich diese These verdeutlichen:

Angenommen, Sie stehen vor einer Prüfung.
Nachdem Sie sich ausreichend vorbereitet haben, sollten Ihre Gedanken folgende sein:

„Am Prüfungstage bin ich ruhig, ausgeglichen, harmonisch und gelassen. Alles, was ich gelernt habe, ist aus meinem Gedächtnis jederzeit abrufbar. Ich freue mich darauf, mein Wissen vorbringen zu können und ein gutes Resultat zu erreichen."

Begleiten Sie diese Worte mit Gefühl und der bildhaften Vorstellung, wie Sie Ihr Abschlußzeugnis schon in Händen halten und man Ihnen gratuliert. Ein Gefühl großer Freude und Dankbarkeit sollte diesen Vorgang begleiten.
Seien Sie sicher, daß Ihr Unterbewußtsein in *Ihrem* Sinne für *Sie* arbeitet!

Falls Sie an der Fähigkeit und Mitarbeit Ihres Unterbewußtseins zweifeln, stellen Sie ihm doch als Test eine kleine Aufgabe. Programmieren Sie es über das Bewußtsein, Sie am nächsten Tag zu einer bestimmten Uhrzeit zu wecken. Wenn Sie diesen Wunsch zwei- bis dreimal bewußt wiederholen, brauchen Sie keinen Wecker. Ihr Unterbewußtsein weckt Sie pünktlich auf die Minute.

Unser Bewußtsein sollte für alle Menschen die gleichen guten Gedanken und Wünsche beinhalten.

Menschen, die mit dem positiven Denken nicht so rechte Fortschritte machen, scheitern oft an dem gravierenden Fehler, daß Sie zwar für ihren Teil positiv denken, ihre Gedanken für die Belange anderer Menschen jedoch nach wie vor negativ sind. Das wertneutral arbeitende Unbewußte lenkt in diesem Fall das Gute und Schlechte gleichermaßen auf den Denker.

Positiv denken beinhaltet, an den eigenen Erfolg zu glauben. Es genügt nicht zu wollen. Sie können etwas noch so stark und verzweifelt wollen, wenn Sie es nicht wahrhaftig glauben können, blockieren Sie die Verwirklichung.
Das Hypnosegesetz von Carpenter, einem britischen Physiologen (1873), sagt unter anderem aus:

a) „Jede bildhafte Vorstellung verwirklicht sich, wenn Verwirklichung erwartet und an Verwirklichung geglaubt wird."
b) „Wenn Wille und Glaube sich 'feindlich' gegenüberstehen, 'siegt' ausnahmslos der Glaube, und es unterliegt der Wille."

Ohne Glaube ist diese Welt eine leere Fiktion. Wer nicht an sich selbst und seine Fähigkeiten glaubt, ist nicht lebensfähig.

Wie in anderen Weisheitsbüchern ist auch in der Bibel zu lesen:

„Dein Glaube hat dir geholfen."
„Weil du geglaubt hast, bist du gesund geworden."
„Der Glaube versetzt Berge."

Setzen Sie sich nicht weiter selbst Grenzen. Lenken Sie Ihr Bewußtsein auf das Positive und die Möglichkeiten.
Fragen Sie sich in diesem Moment und von nun an in regelmäßigen Abständen:

„Was denke ich (gerade jetzt) in diesem Augenblick?"
„Ist mein Gedanke negativ = zerstörerisch, oder
positiv = aufbauend?"

„Möchte ich, daß dieser Gedanke meine Zukunft bestimmt?“

Wenn *nein,* dann sollten Sie ihn sehr schnell durch einen konstruktiven, positiven Gedanken ersetzen.
Ist das Bewußtsein mit einem Problem verhaftet, wird die Kraft der Vorstellung das Problem weiter verstärken.

Wenn zum Beispiel Gedanken und Gefühle immer intensiver um eine Krankheit kreisen, versucht der Betroffene bekanntlich immer mehr über seine Krankheit zu erfahren. Dadurch, daß er sich immer intensiver mit dem Leidenszustand befaßt, wird er zum Spezialisten seiner eigenen Krankheit und kennt – und erwartet – jedes Symptom, das sie begleitet. Sein Bewußtsein ist Tag und Nacht auf seine Beschwerden fixiert, und genau damit beraubt der Kranke sich der Heilungschance. Sein Bewußtseinsinhalt – und damit auch der seines Unterbewußtseins – ist Krankheit anstatt Gesundheit.

Worauf wir unser Bewußtsein lenken, dahin fließt auch unsere geistige Kraft. Vereinfacht ausgedrückt "liest“ das Leben unsere Gedanken und "sendet“ entspechend den geistigen Bildern und Vorstellungen, die wir ihm übermitteln.

Es spielt keine Rolle, wie lange Sie schon in einer negativen Gedankenstruktur gefangen waren. Der Ansatzpunkt für Ihre Macht liegt *jetzt* und *hier* im gegenwärtigen Augenblick.

Manchmal unterliegen wir gewohnheitsmäßigen Gedankenmustern und es scheint so, als könnten wir unseren Gedankenfluß gar nicht ändern oder gar stoppen. Es mag oft nicht so leicht sein, die gewohnten Gedanken zu ändern, doch die ursprüngliche Wahl der Gedanken liegt immer bei uns. Wir können uns jederzeit weigern, bestimmte Gedanken anzunehmen oder gar "weiterzuspinnen“.

Mit aufbauenden Gedanken erzeugen Sie aufbauende Gedankenmuster, Gefühle und Erfahrungen.

Hören Sie ab sofort auf, Ihre Zeit mit Gedanken zu verschwenden, die Ihnen Probleme oder Negativgefühle erzeugen! Das Umdenken ist die größte Kreativität. Ein Glas kann schon halb leer oder noch halb voll sein.
Fangen Sie in diesem Moment an, konstruktiv und schöpferisch positiv zu denken, und haben Sie Mut!
Sie schaffen es, genau so gut, wie Millionen andere vor Ihnen!

Ärgere dich nicht darüber,
daß der Rosenstrauch
Dornen trägt,
sondern freue dich,
daß der Dornenstrauch
Rosen trägt.
(Volksmund)

Loslassen von Überholtem und Falschem

Eine Weisheit aus der Antike lautet:

> *Nicht das Ereignis ist es, was uns besorgt macht – sondern die Bewertung des Ereignisses!*

Viele Menschen sind gedanklich geradezu verhaftet mit der Vergangenheit und geprägt von den negativen Erlebnissen ihres bisherigen Lebens.
Sie leiden angstvoll vor sich hin, oft ohne ersichtliches Ende. Alles Vergangene ist aber endgültig und für immer vorbei. Selbst wenn die Vergangenheit uns negativ oder schmerzlich in Erinnerung ist, war sie ein guter Lehrmeister, der uns Erfahrungen und Fortschritt bescherte. Nicht das Schöne und Angenehme, sondern Probleme und Schwierigkeiten sind es, die Erkenntnisse bringen und die uns in unserer Entwicklung fördern.
Wir können die Vergangenheit nicht mehr ändern, aber sehr wohl unsere Gedanken über das Vergangene.
Ist es nicht töricht, sich einen Augenblick, in dem das Leben in seiner ganzen Liebe und Schönheit strahlt, mit den negativen Gedanken und Gefühlen der Vergangenheit zu vermiesen? Das ist eine Form der Selbstbestrafung, und niemand anderer als der Einzelne selbst ist der Verursacher.
Vielleicht hat uns jemand vor langer Zeit einmal verletzt. Wenn *wir* den Gedanken daran loslassen, verschwindet auch gleichzeitig das unangenehme Gefühl, daß sich seither untrennbar mit diesem Gedanken gepaart hat.

Alle destruktiven, mit Gefühlen verhafteten Gedanken, wie zum Beispiel Groll, Neid, Haß, Rache, Geiz, Habgier, Vergeltungsdrang und Eifersucht erzeugen für den, der sie in sich

gehortet hat, soviel Negativenergie, daß Krankheit nur die natürliche Folge ist.
Ändern Sie Ihr Gedankenmuster, bevor Sie schwer krank sind und sich eventuell einem operativen Eingriff unterziehen müssen. Zu all Ihrem Schmerz und Leid kommt dann noch Panik hinzu.

Es ist sinnvoll, negatives Denken und Fühlen in der Entwicklungsphase bewußt zu erkennen und zu beseitigen.
In meinen Beratungsstunden werde ich tagtäglich mit Aussprüchen konfrontiert wie:

„Ich kann diesem Menschen nicht verzeihen, was er mir angetan hat. Dafür hasse ich ihn bis in den Tod."

Dieser unbändige Haß zerstört den Denker, macht den Denkenden krank und hat schon manchen wirklich in den Tod getrieben.

Verzeihen Sie dem Anderen in der Erkenntnis, daß er doch (nur) der Bote des Schicksals ist. Er serviert Ihnen eine Lektion, die Sie noch nicht gelernt haben, die aber "not-wendig" ist. Im oben erwähnten Beispiel verbirgt sich die Lernaufgabe des Verzeihens.

Erkennen Sie, daß sich in all diesen Fällen ein gekränktes Ego in den Vordergrund schiebt und nicht das *wahre Selbst.*
Was hat der Andere eigentlich getan?
Auf jeden Fall nicht das, was ich wollte!
Er hat meine Erwartungen nicht erfüllt und mich dadurch gekränkt, verletzt, hintergangen, beleidigt, geärgert, zutiefst getroffen.
Wir sollten jedem Menschen vergeben, daß er sich anders darstellte als *wir ihn* haben wollten. Gestatten Sie jedem Menschen so zu sein, wie er nun einmal ist, dann fallen von vornherein schon die meisten Negativgefühle und Ärgernisgründe weg.

Auch der Ärger ist eine negative Gefühlsreaktion, die wir so schnell wie möglich hinter uns lassen sollten. Jedes Ärgern ist ein wahrhaft bedrohlicher Angriff auf unser hormonelles System. Es kommt zu Verkrampfungen, Stauungen, Energieblockaden und Schmerzen. Kurz, in unserem Organismus geschieht nur Negatives, und nach jedem Prozeß des Ärgerns ist die Situation, die uns so geärgert hat, unverändert. Alles ist genau wie vorher. Für den "Nichtwissenden" ist es keine Kunst, sich über das gleiche Ereignis abermals und immer wieder zu ärgern.

Niemand kann uns ärgern, wenn *wir* es nicht zulassen, und *wir* können aufhören der Hampelmann zu sein, an dessen Seilchen andere ungehindert und hemmungslos ziehen, wann immer sie wollen.

Ich rede hier nicht von der Unterdrückung und Verdrängung von Ärger und anderen destruktiven Gefühlen; denn das würde sich ebenso krankmachend auf den Organismus auswirken. Vielmehr sollten wir bewußt erkennen, daß Negativgefühle durch eine gesündere und positivere Einstellung zum Leben vermieden werden können.

Sollten Negativgefühle, Streß und Ärger doch noch das ein oder andere Mal Spuren hinterlassen, bauen Sie Wut und Frustration durch körperliche Betätigung ab. Anstatt andere Menschen zu tyrannisieren, laufen Sie durch den Wald, fahren Sie Fahrrad oder schlagen Sie im Keller auf eine alte Matratze. Scheuen Sie sich nicht, dabei verbal alles herauszulassen, was Sie bedrückt und bewegt.

Als Mensch, der sich seines wahren Selbst bewußt ist, sollten Sie auch festgelegte Einstellungen und Erwartungshaltungen loslassen. Eine Einstellung ist immer ein Filter, der die Sicht zur Wirklichkeit verändert, trübt oder gar verhindert.

Mit einer vorgeprägten Einstellung bin ich festgefahren, intolerant, unbeweglich und behindert, neue Erkenntnisse zuzulassen.

Mit dem Festhalten an einer Einstellung blockiere ich den natürlichen Fluß der Dinge, den eigentlichen Ablauf eines Geschehens. Ich behindere das Leben, was mir inneres Wachstum und Fortschritt bescheren will.

Ebenso ist es mit der Erwartungshaltung.

Immer wieder höre ich Sätze wie zum Beispiel:

„Das kann ich doch wenigstens erwarten bei allem, was ich getan habe", oder
„Ich kann doch wohl erwarten, daß der andere erkennt, was er zu tun hat oder wie er sein (oder nicht sein) sollte."

In unserer Erwartungshaltung ist vorprogrammiert, daß wir enttäuscht werden. Der Andere denkt gar nicht daran, so zu sein, wie wir es erwarten; denn er ist eben ein Anderer.
Uns sollte klar sein, daß wir uns selbst durch diese Form der Erwartungshaltung in einer Täuschung bewegen. Wir werden nur zu Recht *ent-täuscht* und dürfen endlich die Wirklichkeit erkennen, wie sie nun einmal ist. Nicht der Andere hat uns getäuscht, sondern wir uns selbst, indem wir etwas erwarteten, was der Andere nicht leben oder geben konnte.

Wenn wir mit Einstellungen und Erwartungshaltungen großgezogen worden sind, ist ein gezieltes Umdenken erforderlich. Wir bewegen uns im allgemeinen in einem festgefahrenen Schema und handeln und reagieren nach Mustern, die wir bewußt oder unbewußt von unseren Erziehern übernommen oder uns später – durch eine gewisse Vorprägung – angeeignet haben. Wir sind aber nicht die Eltern, der Lehrer, die Verwandten, der Chef und auch nicht die Rollen, die wir spielen.
Sind wir uns dessen erst einmal bewußt, hilft diese Erkenntnis, daß wir uns der Wirklichkeit öffnen können und Überholtes und Falsches hinter uns lassen bzw. wie einen unnötigen Ballast abwerfen.
Seien Sie nicht enttäuscht und verzeihen Sie sich sofort, wenn Sie das eine oder andere Mal in Ihr altes Muster zurückfallen.

Freuen Sie sich vielmehr über jeden noch so kleinen Schritt und denken Sie daran, daß es keine Schande ist, einen Fehler zu machen.
Aus den erkannten Fehlern erwächst der Fortschritt.

Scheuen Sie sich nicht, einmal zu prüfen, was *Sie* alles loslassen sollten und beginnen Sie damit.
Das könnten zum Beispiel Groll, Neid, Eifersucht, Hochmut, Stolz, Klatschsucht, Herrschsucht oder Ärger genausogut sein wie Schmerz, Krankheit, Pech, ein Partner oder ein Beruf, der nicht mehr zu Ihnen gehört.

Vorsicht! Stolpern Sie nicht über Ihre selbst eingebauten Hindernisse durch Gedanken oder Aussprüche wie:

„Ja, aber ...",
„ich bin zu alt",
„das schaffe ich nie",
„ich bin nicht gesund genug" oder
„die Anderen hätten sicher etwas dagegen".

Wenn Sie so Ihre Erkenntnisse und Ihren erfreulichen Enthusiasmus gleich wieder stoppen, wäre das, als probierten Sie einen Rennwagen im Wohnzimmer aus. Noch ehe Sie richtig losbrausen, stehen Sie vor dem ersten Hindernis.

Alles, was Sie nach außen leben und nicht wirklich *sind,* trennt Sie von sich und Ihrem wahren Selbst.
Fragen Sie sich einmal, wer *Ihr* Leben bestimmt. Sind Sie es selbst, ist es der Beruf oder der Partner, sind es die Kinder, die Eltern oder ist es die Schwiegermutter?
Achten Sie darauf, daß *Sie* leben und nicht gelebt werden. Jede Manipulation von außen behindert den eigenen Lebensweg.
Sie sind *Ihre* Hauptaufgabe!
Nehmen Sie bei allen Entscheidungen Rücksicht auf sich selbst und tun Sie das, was Sie anderen nicht zumuten oder antun wollen, auch nicht sich selbst an.

Besitzergreifendes Denken und Handeln sollte der Vergangenheit angehören.
Wir sagen und meinen: „Mein Haus, mein Auto, mein Mann, meine Frau, meine Kinder usw.“
Alles – ohne Ausnahme – sind Geschenke des Lebens, an denen wir uns erfreuen dürfen, solange sie zu uns gehören. Wir sollten aber bereit sein ”herzugeben“ oder loszulassen, wenn der Zeitpunkt dafür gekommen ist und nicht vergessen, daß wir am Ende dieses irdischen Lebens *alles* loslassen *müssen*. Das fällt uns umso leichter, wenn wir nichts – aber auch gar nichts – wirklich festgehalten haben.

Unsere Kinder gehören uns nicht.
Wir können ihnen Liebe geben,
aber nicht unser Denken.
Wir können ihrem Körper
ein Heim geben,
doch ihre Seele muß den
ihr bestimmten Weg finden.
Wenn wir versuchen, sie
uns gleich zu machen,
lassen wir das Leben
rückwärts laufen und
verweilen beim Gestern.
Seien wir auf ihrem Weg
zur freien Entfaltung
Begleiter und Freund.

Unsere Habgier, unser Drang alles haben und besitzen zu wollen, hat die Welt so weit gebracht, daß wir kaum noch darin leben können.
Unsere Umwelt ist verseucht, die Wälder sterben, die Tiere auf dem Land und in den Gewässern sind vom Aussterben bedroht. Unser Trinkwasser und unsere Lebensmittel haben wir vergiftet. Der Hochmut des Menschen ”alles im Griff zu haben“,

hat das Kollektivbewußtsein verdorben. Hochmütig und überheblich haben wir alle Warnungen übersehen und nach Mitteln gesucht, die Schöpfung und uns selbst zu überlisten.
Der Preis dafür ist hoch!
Unser Handeln ist schizophren geworden. Hoffen wir gemeinsam, daß uns noch die Zeit zum Umdenken bleibt.
Wir sind ein Teil dieser Schöpfung und tragen somit eine große Verantwortung.
Machen Sie nie mehr die Anderen verantwortlich; denn daraus entstehen die Negativgefühle, die Sie so sehr belasten. Übernehmen und tragen Sie ab heute die Verantwortung für Ihr Leben und Ihre Erfahrungen und haben Sie Vertrauen in Ihre eigene Kraft.
Lernen Sie wieder, Ihrer inneren Stimme zu lauschen, die im Laufe der Jahre durch permanente Unterdrückung leiser und leiser wurde. In dem Maße, in dem wir wieder zur Ruhe kommen, sind wir wieder in der Lage, nach innen zu hören, uns dieser Führung anzuvertrauen und die Schwingungen der Seele zuzulassen. Daraus erwächst ein verantwortungsbewußtes, liebevolles Handeln.
Das einzig wahre Heilmittel liegt in der Fähigkeit, die echten, tiefen Gefühle der Seele zuzulassen und zu leben, und so die Körper-Geist-Seele-Harmonie wieder herzustellen.

Hast Du Dich
einmal selbst gefunden,
kannst Du nichts
mehr verlieren.

Ungeduld

setzt sich dem Lernprozeß
als Widerstand entgegen.
Wer ungeduldig ist, möchte
am Ziel sein, ohne den
Weg dorthin zu gehen.

Bewußte Ernährung

In unserem scheinbar desorientierten, streßgeplagten Zeitalter ist das Wissen um eine gesunderhaltende, vollwertige Ernährung von allergrößter Bedeutung.
Es sollte unser Bestreben sein, den physischen Körper als Träger unseres Geistkörpers solange wie möglich rein und gesund zu erhalten. Sich nur um die Seele zu kümmern, ist sicherlich genauso falsch und einseitig, wie dem grobstofflichen Körper die ganze Aufmerksamkeit zu schenken.
Insbesondere die Ernährung des grobstofflichen Körpers ist ein gutes Beispiel für die gar nicht geheimnisvollen Zusammenhänge der verschiedenen Körper. Mit bewußter, gesunder Ernährung ist der Gesundheitszustand des physischen Körpers zu beeinflussen und die dadurch bereits bei den Römern dokumentierte positive Wechselwirkung (Mens sana in sano corpore est – in einem gesunden Körper wohnt ein gesunder Geist) zu erzielen.

Nicht die Quantität des Lebens ist das Wichtigste, sondern die Qualität. Unser Körper kann nur so vital und lebendig sein, wie die Nahrung (Bausteine), die ihm zugeführt wird. Auch er ist – wie alles – ein Energiesystem. Jedes Organ ist eine Ansammlung von Zellen, denen die gleiche Schwingung eigen ist. Die einzelnen Zellen sind nicht nur histologisch betrachtet von großer Ähnlichkeit, sie weisen auch die gleiche energetische Frequenz auf. Bei einer Störung dieser Zellenenergie entwickelt sich die Krankheit.
Wir wissen, daß alle auf Energie basierenden Systeme optimale Funktionen aufweisen, wenn sie den richtigen Brennstoff erhalten. Der Brennstoff der Nahrungsmittel ist am wirkungsvollsten in seiner naturgegebenen Form, denn auch unser Körper ist ein Stück lebendiger Natur. Die Schöpfung stellt uns ohne Zweifel das Richtige zur Verfügung.

Die Natur beschert uns Getreide – aber keine Weißbrotfelder. Unser Gemüse wächst nicht konserviert in Dosen, Kartoffeln nicht als Pürree in der Tüte, das Obst nicht als Saft in einer Flasche, und das Wasser ist von der Natur nicht angereichert mit Geschmackskonzentraten und Würfelzucker. Nein, wir brauchen für die Gesunderhaltung unseres Körpers die Energie, welche die Natur uns durch Lebensmittel in unverfälschtem Zustand zur Verfügung stellt.

Was ist Essen für Sie?
Ist es eine notwendige Nahrungsaufnahme, Freude durch Genuß oder eine Möglichkeit, Ihren Körper gesund und vital zu erhalten?
Leider haben die meisten Menschen in der heutigen Zeit ein gestörtes Verhältnis zur täglichen Ernährung. Unter anderem befürchten sie, daß das, was sie essen, sie krank oder dick macht bzw. aufgrund der Zusammensetzung unbekömmlich ist. Allen gefühlsmäßigen Warnungen trotzend, essen sie nach alter Gewohnheit unverändert weiter, obwohl ein anonymes Unbehagen sie deutlich empfinden läßt, daß etwas nicht stimmt. Wahrscheinlich haben diese Menschen in ihrem Unterbewußtsein gespeichert, daß im Notfall die Pharma-Industrie mit ihrem überreichlichen Angebot das rettende Mittel bereithält. Nur so kann ich mir die Rückbildung eines natürlichen Kontrollmechanismus erklären.

Bis vor nicht allzu langer Zeit ernährte sich der größte Teil unserer Vorfahren von dem, was die Natur ohne Schmerz hergab, von Getreide, Gemüse, Obst, Samen und Nüssen.
Der Reiche leistete sich schon das Fleisch und erkrankte prompt am Zipperlein, das heißt an Gicht und Rheuma.
Für die breite Masse bestand die tägliche Ernährung aber aus vollwertigen Naturprodukten, die meist getrennt voneinander verspeist wurden. Und da es für viele zu manchen Zeiten wenig zu beißen gab, wurde jeder Bissen lange und gründlich gekaut, um den Genuß zu verlängern.

Die Produkte, die verspeist wurden, waren noch echte Lebensmittel, während es heute nur noch Nahrungsmittel sind, die der Körper, bedingt durch Umweltverschmutzung, Überdüngung, chemische Zusätze und falsche Zubereitung kaum noch nutzbringend verwerten kann.

Es ist nicht meine Absicht, in dieser Schrift eine umfangreiche Ernährungsberatung zu machen. Vielmehr möchte ich, da es zum Thema einfach dazugehört, grob unsere heutigen Ernährungsgewohnheiten beleuchten.

Obwohl der Mensch von Natur aus kein Fleischesser ist, ernähren sich die meisten Menschen in unseren Breitengraden regelmäßig und überwiegend von Fleisch.

Im Jahr 1810 wurden, laut Bernhard Grzimek, in Mitteleuropa durchschnittlich 18 kg Fleisch pro Kopf verzehrt. 1978 waren es bereits 84 kg und bis 1990 stieg der Verbrauch auf 110 kg. Dabei besitzen wir nicht eine einzige anatomische Voraussetzung, die darauf hinweist, daß wir für den Fleischverzehr geschaffen sind. Im Gegenteil, Fleischfresser haben einen kurzen Darm, und der ca. 9 m lange menschliche Darm ist für den Fleischverzehr nicht geeignet.

Biologisch sind wir Früchteesser. Haben Sie beim Anblick eines Tieres schon einmal den unbändigen Drang verspürt, es mit den Zähnen zu packen, zu zerreißen und zu verschlingen? Wären wir Fleischfresser, wäre uns dieser Instinkt naturgegeben. Auch der Geruch und Anblick rohen Fleisches erwecken beim Menschen – im Gegensatz zum Raubtier – keine Lustgefühle, sondern ursprünglich Abneigung oder sogar Ekel. Kein Kind ist freiwillig Fleisch, vielmehr wird die natürliche Ablehnung dadurch bezwungen, daß das Kind eine – ihm später nicht mehr bewußte – Phase des Widerwillens überschreiten muß. Bei Kindern wie Erwachsenen versucht man die sensible naturgegebene Regung zu unterdrücken, indem man das Fleisch durch Braten, Kochen und Gewürze so ver-

ändert, daß letztendlich der dadurch getäuschte Geschmack das Widernatürliche ohne Abscheu annimmt.
Riechen Sie zum Vergleich einmal an einem Stück reifen Obst. Läuft Ihnen nicht dabei das Wasser (die Verdauungssäfte) im Munde zusammen?

Vom ökologischen Standpunkt betrachtet würde der Vegetarismus uns der Lösung des Welternährungsproblems um ein erhebliches Stück näherbringen.
Fast die Hälfte des Fleischüberschusses wird in die Dritte Welt geliefert. Man zerstört ganze Wirtschaftsstrukturen und verdrängt die Entwicklungsländer vom Weltmarkt. In der Dritten Welt werden große Weideflächen angelegt, die Einwohner werden von ihrem Land vertrieben – in den Elendsvierteln sind sie wiederzufinden. Um deren, aber vor allem unser Vieh zu ernähren, müssen Soja und Getreide angebaut werden, die hungernden Menschen essen Fleisch anstatt wertvolles Getreide. Auf diesem Wege entsteht ein Verlust der lebenswichtigen Eiweiße und Nährstoffe um 90%. Von dem Soja, das man benötigt, um ein Steak zu gewinnen, könnten 40 Kinder einen Tag ernährt werden. Oder anders ausgedrückt: 1 Pfund Rindfleisch entspricht 16 Pfund Getreide bzw. Soja. Doch Soja und Getreide werden exportiert und hier verfüttert.

„Das Vieh der Reichen frißt die Nahrung der Armen."

Wenn Sie einem Verzicht auf Fleisch oder einer weitestgehenden Einschränkung auch nicht aus ethischen Gründen zustimmen können, lassen Sie sich eventuell doch von den Argumenten namhafter Ernährungswissenschaftler überzeugen und beachten zumindest die gesundheitlichen Schäden, die durch den Fleischverlust begünstigt werden.

Die einzige Wirkung, die Fleisch auf die Gesundheit hat, ist die, daß es sie beeinträchtigt!

Nach Aussagen einiger Ernährungswissenschaftler wird das Fleisch im Organismus – bedingt durch das Fehlen bestimmter Enzyme – nicht verdaut, sondern es gärt und fault. Dieser Fäulnisprozeß ist Ursache für viele Krankheiten, besonders für rheumatische Beschwerden in der Muskulatur.

Andere Gesundheitsschäden, die durch den Fleischverzehr begünstigt werden, sind:
Bluthochdruck, Fettleber, Wassersucht, Ekzeme und Hautausschläge in den verschiedensten Formen, Gicht, Rheuma, Diabetes, Gefäßkrankheiten und letztendlich Schlaganfall und Herzinfarkt.

Ernährungswissenschaftler haben bewiesen:
Die Kränksten sind die, die viel Mastfleisch essen. Das Fleisch der Tiere, das wir heutzutage verspeisen, ist im Gegensatz zu früher mit Schadstoffen belastet und strukturell verändert. Mit dem Fleisch gelangen Medikamente wie unter anderem Östrogene, Betablocker, Tranquilizer und Antibiotika in den menschlichen Organismus. Die Tiere, die in Massentierhaltungen gemästet werden, sind krank, verhaltensgestört, sie haben Angst und bauen Streßhormone auf, welche die Qualität des Fleisches noch mehr herabsetzen.

Die Anzahl derer ist groß, die sich ursprünglich aus dem Genuß von Fleisch nicht viel machen, aber es aus Angst vor Mangelerscheinungen – besonders Eiweiß- und B_{12}-Mangel – verzehren. Das von der alten, längst überholten Ernährungslehre verbreitete Dogma, pflanzliches Eiweiß enthalte nicht alle notwendigen Aminosäuren und bedürfe des tierischen Eiweißes als Ergänzung, hat sich in manchen Gehirnen unausrottbar festgesetzt. Das Absurde dieses Dogmas geht schon aus der Tatsache hervor, daß 800 Millionen Menschen auf dieser Erde ihr ganzes Leben vegetarisch leben und nicht zuletzt durch den Verzehr von hochwertigem pflanzlichem Eiweiß (z.B. Hülsenfrüchte, Soja, Blattgemüse und Getreide) nachweislich viel gesünder sind. Das rein vegetarisch lebende Hunza-Volk am Fuße des Himalaya ist ein Beweis dafür. Diese Menschen erreichen nicht selten bei voller Gesundheit ein

Alter von 100 bis 120 Jahren und sterben an dem einzig natürlichen Tod, nämlich an Altersschwäche.
Im Vergleich dazu haben Eskimos, deren Hauptnahrung bekanntlich Fleisch und Fisch ist, nur eine durchschnittliche Lebenserwartung von 27 Jahren.
Die moderne Ernährungslehre hat bewiesen, daß 70 g Eiweiß pro Tag als oberste Grenze anzusehen ist, mehr führt zu Erkrankungen. Ein Eiweißminimum von 30–35 g reicht noch aus, um den täglichen Bedarf hinreichend zu decken. Diese Eiweißmenge kann durch eine ausgewogene pflanzliche Ernährung vollends gedeckt werden.
Viele Menschen, sogar Ärzte, glauben tatsächlich heute noch, daß tierisches Eiweiß gleich Muskelkraft ist.
Was fressen Elefanten, Ochsen, Pferde, Maultiere, Kamele und Wasserbüffel? Sie sind Blätter-, Gras- und Früchtefresser, und auch der Silberrückengorilla, der dem Menschen physiologisch erstaunlich ähnelt, frißt Früchte und Pflanzen. Er ist dreimal so groß wie ein Mensch und dreißigmal stärker.
Auch die Behauptung, daß beim Fleischverzicht ein B_{12}-Mangel auftritt, ist Unsinn. Auch da sollten wir uns fragen, woher haben denn die Tiere, deren Fleisch wir essen, ihr B_{12}?
Es kommt zwar in kleinen Mengen in Pflanzen vor, aber der Hauptanteil des B_{12} wird von einer *gesunden* Bakterienflora im Darm produziert. Ist also unser Darm nicht durch faulende Fleischanteile überlastet, kann er nicht nur mehr aus der Nahrung aufspalten, sondern auch selbst produzieren.
Ich möchte als Tatsachenbeweis wieder die eigene Erfahrung anführen. Bevor ich mich vollwertig und vegetarisch ernährte, litt ich neben Eiweißüberschußerkrankungen an einem chronischen B_{12}- und Eisenmangel und bekam in regelmäßigen Abständen Medikamente. Oft war der Mangel so gravierend, daß nur noch Injektionen halfen. Ein halbes Jahr nach der Ernährungsumstellung und dem Fleischverzicht hatte ich nachweislich und habe bis zum heutigen Tage normale Blutwerte und keinerlei Mangelerscheinungen mehr.

Vor dem sogenannten "Pudding-Vegetarismus" möchte ich allerdings eindringlichst warnen. Es ist weder sinnvoll noch hilfreich, einfach das Fleisch bzw. das tierische Eiweiß aus der Ernährungskette zu streichen. Wenn Mangelerscheinungen behoben oder verhindert werden sollen, muß die tägliche Nahrung ausgewogen, naturbelassen und vollwertig sein.

Als letztes sei noch darauf hingewiesen, daß es durch den übermäßigen Fleischverzehr zu einer Erhöhung der Harnsäure im Blut kommt. Die Harnsäure ist ein Endprodukt des Eiweißstoffwechsels, insbesondere des Purinabbaus. Die Erhöhung der Harnsäure im Blut ist nur ein Zeichen des überforderten und dadurch gestörten Eiweißstoffwechsels.

Ein Kilo Fleisch enthält etwa 29 g Harnsäure. Um 1 g Harnsäure wieder gefahrlos für den Organismus auszuscheiden, benötigt der Körper 7–8 Liter Wasser.
Inzwischen stehen wir aber auch in Bezug auf unser mit Giften angereichertes Trinkwasser vor einem gravierenden Problem, das letztendlich durch eine falsche Bewußtseins- und Geisteshaltung "produziert" wurde.

Der Kalorienanteil der "gut bürgerlichen" Ernährung ist heute ebenfalls zu hoch und dadurch bedenklich. Besonders durch den Fleisch- und Wurstverzehr nehmen wir eine beträchtliche Übermenge an Fett auf, vor allem versteckte Fette. Da kaum noch jemand schwer körperlich arbeitet, werden diese Kalorien in der Regel nicht verbraucht. Die Folgen sind: Übergewicht, Herz-Kreislauferkrankungen und Leberleiden.

Durch diese ganzen Ernährungsfehler kommt es zur Übersäuerung des Gewebes. Und auch beim Herzinfarkt, der zur Zeit häufigsten Todesursache, stirbt das Herz sozusagen den "Säuretod".

Auch der Zucker, ein isoliertes Kohlehydrat, ist stark säurebildend. Vor etwa 100 Jahren wurde er noch in der Apotheke verkauft, wo er eigentlich hingehört.

Heute enthält ein Liter Limonade etwa 36 Stück Würfelzucker. Zucker ist zudem Vitamin-B-Räuber, Kariesauslöser und stört empfindlich die Bekömmlichkeit und Verträglichkeit anderer Nahrungsmittel. Deshalb kann der permanente Verzehr von Industriezucker eine Heilung bestimmter Erkrankungen absolut unmöglich machen. Nicht das ursprüngliche Nahrungsmittel, wie zum Beispiel Kohl oder Vollkornbrot, ist unverträglich, sondern wird es erst durch den gleichzeitigen Verzehr von Zucker. So entsteht erst durch das Weglassen des Fabrikzuckers die Möglichkeit, daß eine heilende vollwertige Kost vertragen wird.

Unser Brot wurde bis zum 19. Jahrhundert ausschließlich aus vollem Korn hergestellt. Heute werden die Randschichten des Korns entfernt. Doch nur sie enthalten die wertvollen Vitalstoffe, die für die Erhaltung der Gesundheit unentbehrlich sind. Der überwiegende Teil des heutigen täglichen Brotes wird aus Auszugsmehl gebacken. Mit zahlreichen Zusatzmitteln, Konservierungsstoffen und Backhilfen versehen, ist es für den Körper eine Belastung, ganz zu schweigen von den Insektiziden, Herbiziden und Pestiziden, die bedingt durch die Spritzung des Getreides auf dem Weg über das Brot in unseren Körper (unser Gewebe) gelangen.

Zusätzlich belasten wir unseren Organismus durch Alkohol, Kaffee und andere Genußgifte. Kein Wunder, daß er zu streiken beginnt oder zusammenbricht.
Es sind alles "nur" Stichpunkte, die ich hier herausgreife. Allerdings sollen sie verdeutlichen, wie wichtig und unerläßlich es ist, sich *bewußt* zu ernähren.
Ich kann nicht die geistige Fehlhaltung begehen, meinen Körper mit denaturierter Nahrung zu versorgen und gleichzeitig erwarten, daß er vital und gesund ist und bleibt.

Jeder einzelne sollte sich überlegen, wie weit er bereit ist, in einer Zeit der totalen Irritation auf dem Gebiet der Ernährung die Konsequenzen zu ziehen und das Richtige zu tun.

Dank seiner Anpassungsfähigkeit kann unser Körper ab und zu eine "katastrophale" Ernährung verkraften, aber nicht auf Dauer. Er ist ein Teil der Schöpfung, ein Stück Natur. Gesund kann er nur mit naturbelassener, unveränderter Nahrung bleiben. Die Lebensmittel sollten so wenig wie eben möglich durch Kochen und übertriebenes Salzen und Würzen verändert und verpanscht werden.
Spüren Sie doch selbst einmal hin, wie Sie sich nach diesem oder jenem Essen fühlen! Wenn Sie zur besseren Verträglichkeit einen Magenbitter brauchen, machen Sie etwas falsch. Auf die mir häufig gestellte Frage: „Ja, was soll ich denn noch kochen?", antworte ich immer: „So wenig wie möglich."
Als Grund- und Faustregel gilt:
Alle Lebensmittel, die die Natur uns hergibt, möglichst naturbelassen und schonend zubereiten, wenn möglich, roh essen. Mindestens ein Drittel der gesamten Ernährung sollte nach Ratschlägen der Ernährungswissenschaftler Dr. Bircher-Benner und Dr. Bruker aus Rohkost bestehen.
Verspeisen Sie doch Wirsing, Rot- und Weißkohl oder Möhren nicht mehr als Gemüse, sondern als natürlich wohlschmeckende Salate. Zur Rohkost zählen unter anderem auch Samen, Nüsse, Sprossen, kaltgeschlagene Öle und Honig.

Inzwischen glauben geistige Wissenschaftler belegen zu können, daß Jesus ein wunderbarer Ernährungsberater war und die gesunde, naturbelassene Ernährung lehrte. Er war Veganer, d. h. er ernährte sich überwiegend von Rohkost.
In der heutigen Zeit ist alles vorgekocht, pulverisiert, fix und fertig eingefroren, und wir brauchen uns um nichts mehr kümmern. Der Mikrowellenherd zerstört den letzten Rest an brauchbaren Stoffen. Die damit verbundenen Bequemlichkeiten kommen unserem chronischen Zeitmangel natürlich sehr entgegen.

Ein weiteres Ammenmärchen ist, daß natürliche Nahrung geschmacklos sei. Sie hat noch den ihr eigenen Geschmack. Da unser Geschmackssinn irritiert ist durch die vielen Zusatzstoffe, gewöhnen wir uns nur langsam – aber sicher – wieder an den Naturgeschmack der Lebensmittel.

Aus einem wachsenden Bewußtsein heraus kehren wir Schritt für Schritt intuitiv zurück zu einer natürlichen Nahrungsaufnahme, soweit das bei den heutigen Umweltverhältnissen überhaupt noch möglich ist.
Der Wandel im Bewußtsein ist nicht unbedingt bequem, und daher zögern viele Menschen, ihn überhaupt zuzulassen, was durchaus verständlich ist. Sie sind so stark verwurzelt mit ihrem gewohnten Verhalten, daß sie lieber im alten Trott weitermachen und das "Aufwachen" regelrecht fürchten und als existentiell bedrohlich ansehen.
Sie suchen nach brillianten und überzeugenden Argumenten, die letztendlich doch schlicht falsch sind, um ihr Fehlverhalten vor sich und der Welt zu rechtfertigen.

Leider ist die Zahl der Ignoranten groß. Gehören Sie nicht dazu! Überwinden Sie Ihre Scheu vor einer Änderung und erkennen Sie für sich selbst, wo Sie anfangen können, bewußter zu leben. Es wird Ihnen ein inneres Bedürfnis werden, auch an Ihren Ernährungsgewohnheiten im konstruktiven Sinne zu arbeiten.
Wie bei allem hilft auch hier erst das *Tun!*

Es genügt nicht,
von einer Lehre zu sagen,
sie sei gut und schön.
Sie wird erst zum Segen,
indem sie befolgt und gelebt wird.
Von dem Betrachten einer
klaren, sprudelnden Quelle
ist noch kein Durst gestillt.
Erst der, welcher die Hand ausstreckt
und die Frische des Quellwassers kostet,
wird seinen Durst löschen.

Lebensberatung

– Eine psychologische Lebenshilfe auf ganzheitlicher Basis –

Probleme, Schwierigkeiten und Krankheit sind ein sicheres Zeichen, daß in unserem Inneren die Harmonie fehlt.
Der Lebensberater unterstützt vor allem Menschen, die aus eigener Kraft nicht mehr mit ihren Schwierigkeiten fertig werden.

Die Art der Probleme kann sehr verschiedenartig sein. Während es hier ein plötzlich auftretendes Ungenügen am Beruf ist, dort eine Entfremdung in der Ehe oder allgemeine Partnerschaftsschwierigkeiten, äußert es sich in anderen Fällen als eine anonyme Unzufriedenheit am oft als sinnlos empfundenen Dasein.

Die Folgen sind Unbehagen, Unsicherheit, Ängste, Kontaktschwierigkeiten und körperliche Mißempfindungen.
Es geht darum, die seelischen Hintergründe aufzudecken, welche die eigentliche Ursache der aufgetauchten Schwierigkeiten sind.

Hier finden sich unter anderem verdrängte Wünsche, unverarbeitete Erlebnisse, ferner durch falsche Erziehung angezwungene Einstellungen und Haltungen, unberechtigte Ansprüche und Erwartungen an das Leben sowie fehlgeleitete Strebungen und falsche Rollen, die der Betroffene in der Ehe, in der Gemeinschaft oder im Beruf übernommen hat.

Der Lebensberater hilft dem Menschen, Angst und Unsicherheit zu überwinden, aus Schwächen Stärken zu machen und zurückzufinden zu seinem wahren, unverfälschten Wesen. So wird Selbsterkenntnis ein direkter Weg zur Selbstverwirklichung.

Es muß auch gelingen, dem Hilfesuchenden eine neue Orientierung zu geben, ihm echte Lebenswerte aufzuzeigen und in ihm eine positive Antwort auf die Frage anzuregen, was der mögliche Sinn seines Daseins ist und was er zu leisten vermag. Nur wer die wirklichen Zusammenhänge versteht, lernt sein Schicksal anzunehmen und selbst zu gestalten.

„Andere kennen mich besser als ich mich selbst."
Es ist Sache des Lebensberaters oder Psychagogen, die Rolle des "Anderen" zu übernehmen und dem Ratsuchenden gleichsam ein Spiegel zu sein, in dem dieser sich selbst erkennt.

Schlußwort

Ich bin davon überzeugt, daß im Grunde jeder Mensch sein Leben nicht einfach klagend hinnehmen will, sondern auf der Suche ist nach Lösungen und lebenswerten Inhalten. Der Sinn des Lebens kann nicht oberflächliches Dahinleben sein, sondern ist Höherentwicklung, Wachstum und Entfaltung des seelisch-geistigen Potentials.

Durch psychische Verkrampfungen und Belastungen, die sich auf der körperlichen Ebene manifestieren, erfahren wir, wo unsere Seele Mangel leidet. Genaugenommen leiden wir an uns selbst, und nur wir können den bedrückenden Ballast auch wieder "abwerfen".

Korrigieren Sie durch bewußtes Hinschauen Ihre Sicht der Dinge, denn jede Entwicklung beruht auf dieser Veränderung. Alles, was sich im Außen ändert, ist Ausdruck der neuerworbenen Sichtweise. In exakt der Weise, wie *Sie* sich wandeln, ändern sich die Menschen in Ihrem Umfeld und Ihre Lebensumstände. Freuen Sie sich über jeden Widerstand, in welcher Form auch immer er sich Ihnen darstellt, denn erst durch ihn sind sie gefordert, etwas zu tun und dadurch Fortschritt zu erlangen.

Nur Sie selbst können Ihren inneren Reichtum zur Entfaltung bringen, sich vom *Ich* zum *Selbst* führen. Das Höchste, was jeder Mensch in dieser Welt anstreben kann, ist, sein eigenes Lebensziel zu erkennen und zu erreichen.

In dem vorliegenden Buch ist die Rede von Organstörungen und Erkrankungen und ihren möglichen seelisch-geistigen Hintergründen und Ursachen.

Ich habe ganz bewußt dieses vielfältige und komplexe Thema nur angerissen, denn solange es Menschen in ihrer außergewöhnlichen Einzigartigkeit gibt, weist auch jede Erkrankung die ihr eigene Individualität auf. Diese Tatsache ist so wichtig und bedeutungsvoll, daß sie in keinem Falle übersehen werden sollte.

Es würde mich herzlich freuen, wenn es mir gelungen wäre, Ihnen durch meine Ausführungen und Anregungen ein paar Stolpersteine aus dem Weg geräumt zu haben.

Ich wünsche Ihnen alles erdenklich Gute, Freude und Erfolg auf dem *anderen, bewußteren* Lebensweg.

Wenn Sie glauben, daß weitere Informationen für Sie wichtig sind, wenden Sie sich bitte an die

Praxis für Lebensberatung
Sigrid Körbes
Postfach 1709
54507 Wittlich
Telefon (0 65 71) 6 99 63

Über die Autorin

Geprüft durch mancherlei Schicksalsschläge und gereift an einer außergewöhnlichen Krankheitsgeschichte, in deren Verlauf sie nur widerwillig die Ohnmacht unserer heutigen "Humanmedizin" akzeptieren lernen mußte, begab sie sich eher aus Verzweiflung denn aus Überzeugung auf die Suche nach einem Ausweg.
Nachdem ihr grundsätzliches Interesse geweckt war, erkannte sie rasch, daß Körper und Seele untrennbar zusammenhängen. Sie begann intensive Studien bei anerkannten Philosophen und Lebenslehrern wie Tom Johanson, Prof. Kurt Tepperwein und Erhard F. Freitag, ohne jedoch die traditionelle Psychologie zu vernachlässigen. Weiterhin wurde die Autorin auch an die Parapsychologie herangeführt, sodaß ihr vermeintliche Krankheitsbilder, denen in Wirklichkeit jedoch eine sogenannte spirituelle Krise zugrunde liegt, nicht unbekannt sind.

Im Laufe vieler Ausbildungsjahre wurde aus der Schülerin eine psychologische und spirituelle Lebensberaterin, die es sich zur Aufgabe gemacht hat, Ratsuchenden in der Analyse ihrer Probleme und im Erklären der vielfältigen Zusammenhänge den Weg zu sich selbst zu öffnen, um schließlich bewußt und harmonisch die Selbstverwirklichung in Angriff nehmen zu können.

In der praktischen Arbeit, in ständiger Weiterbildung und in der intensiven Pflege auch spartenübergreifender Kontakte gründen die fundierten Kenntnisse, deren systematische Weiterentwicklung für die psychologische Beraterin Sigrid Körbes einem inneren Bedürfnis entspricht. So finden bei ihr Beruf und Berufung zu einer erfreulichen Übereinstimmung. Die daraus erwachsende Vertrauensbasis ist Grundlage jeglicher fruchtbarer Arbeit mit den Klienten.

Gerhard N. Körbes

Literaturverzeichnis

Hermetis Trismegisti Erkenntnis der Natur und des darin sich offenbarenden großen Gottes (ergänzt durch die Tabula Smaragdina Hermetis)	Verfertigt von Alethophilio Verlag "akasha", Haar
Das Friedens-Evangelium der Essener	Dr. E. Bordeaux Szekely Verlag Bruno Martin, Südergellersen
Entfalte dein inneres Potential	Roy Eugen Davis CSA Verlag, Bad Homburg
Krankheit als Weg	Thorwald Dethlefsen Rüdiger Dahlke Bertelsmann Verlag, München
Schicksal als Chance	Thorwald Dethlefsen Goldmann Verlag, München
Fit für's Leben	Harvey und Marilyn Diamond Waldthausen Verlag
Kraftzentrale Unterbewußtsein	Erhard F. Freitag Goldmann Verlag, München
Die innere Heilkraft	Dr. med. Hans Grünn Econ Verlag, Düsseldorf
Gesundheit für Körper und Seele	Louise L. Hay Heyne Verlag, München
Durch Schatten zum Licht	Tom Johanson Bauer Verlag, Freiburg
Heilkraft, die von innen kommt	Tom Johanson Bauer Verlag, Freiburg
Zuerst heile den Geist	Tom Johanson Bauer Verlag, Freiburg

Wege zur Gelassenheit	Peter Lauster Econ Verlag, Düsseldorf
Überleben im Streß	Dr. med. H. Lindemann Mosaik Verlag, München
Signale der Persönlichkeit	Prof. Max Lüscher Econ Verlag, Düsseldorf
Reinkarnation im Neuen Testament	James Morgan Pryse Ansata Verlag, Interlaken
Der kosmische Weg der Menschheit	K. O. Schmidt Drei Eichen Verlag, München
Die geistige Heilkraft in uns	Masaharu Taniguchi Bauer Verlag, Freiburg
Die Botschaft deines Körpers	Kurt Tepperwein Carval Verlag, Triesen
Geistheilung durch sich selbst	Kurt Tepperwein Ariston Verlag, Genf
Mentaltraining	Kurt Tepperwein Ariston Verlag, Genf
Entschlüsselte Organsprache	Henry G. Tietze Knaur Verlag, München
Was es heißt ein Mensch zu sein	Thomas Zacharias Eigenverlag, Nentershausen

Inhaltsverzeichnis